야생속으로

365days 250km $1250 5000km 6962m 7days

야생속으로

글·사진 **김정철**

어문학사

프롤로그 Prolog

수많은 사람이 내게 물어본다. 나의 경험 중 가장 힘들었던 순간이 언제였느냐고, 그때 무슨 생각으로 버텨냈느냐고 말이다. 그때마다 나는 항상 똑같이 대답한다.

저는 힘들지 않았던 적이 단 한 순간도 없었습니다.

사막 마라톤을 완주하고 아콩카과Aconcagua 산을 등정했다고 하면, 흔히들 육체적 고통이 뒤따르고 목숨이 위태로운 드라마틱한 장면들을 떠올린다. 하지만 내겐 긴 여정의 비용을 마련하기 위해 한겨울 일용직 일터로 새벽부터 자전거로 이동하던 때, 하루 2시간도 못 자고 20시간을 시장에서 두부를 만들어 낼 때, 공들여 준비한 자료를 들고 후원을 알아보기 위해 서울로 갔지만 말 한마디 꺼내 보지도 못하고 문전박대를 당하던 때, 지친 몸을 안고 돌아와 5층 계단 난간을 잡고 버겁게 올라가던 때 모두가 드라마틱했다.

물론 몸이 망가지면서 사막을 건너고, 피부가 벗겨진 채 자전거로 대륙을 횡단하고, 그 높은 산을 홀로 오르면서 맞이했던 위기의 순간들, 여정 중 소중한 자료들이 몽땅 들어 있는 카메라와 노트북을 모두 도둑맞은 사건 하나하나가 시련과 역경의 연속이었다. 하지만 예나 지금이나 이처럼 우리 모두가 흥미로워 하고 듣고 싶어 하는 이야기 뒤에는 보이지 않는 무형의 번뇌와 고통이 있으며 이 책에서도 크게 다르지 않다는 걸 말하고 싶다. 그리고 그러한 작은 점들이 서로 연결되어 있었기에 힘들었던 순간도 아름다워질 수 있다고 믿는다.

나는 이제 한 가지 깨달음을 얻었다. 우리가 인생에서 흔히 힘들다고 하는 것들이 당시에는 죽을 만큼 힘든 것일지라도 시간이 지나고 나면 이것들이 점점 하나의 작은 점으로 줄어든다는 것이다. 이점은 완전히 없어지는 것들도 있으며 없어지지 않고 최소한의 작은 상태로 남아 있기도 하지만, 시간이 지나고 멀리서 바라보면 웃으면서 기억할 수 있는 추억이 된다.

무언가 새로운 일을 시작할 때 가장 중요하고 필요한 것은 용기인 것 같다. 혼자서 에베레스트 정상에 오른 사람의 도전과 용기가 5km 달리기 경주에서 꼴찌로 도착했지만 행복해하며 들어오는 용기와 그 본질은 다를 것이 없다. 한 번도 바느질을 해본 적 없는 누군가가 뜨개질을 배워 크리스마스 날 선물할 아주 멋진(혹은 조금은 어설프더라도) 스웨터를 만들었더라도 나는 그 용기와 도전 그리고 노력에 똑같은 박수와 응원을 보낼 것이다.

나의 경우, 자연 다큐멘터리를 찍고 싶다는 꿈을 가지고 갖은 노력을 다 기울여보았다. 하지만 알면 알수록 '정말 이러한 직업이 존재하기는 한 걸까?' 하는 회의감이 들어 나의 꿈은 깊은 어둠 속으로만 이어져 갔다. 이대로는 안 되겠다 싶어 오히려 책과 담을 쌓고 즐겨보던 BBC 다큐멘터리의 재생버튼을 '일시 정지'로 바꾼 뒤 직접 '야생 속으로' 뛰쳐나갔다. 야생으로 뛰어든 작은 용기는 내 인생을 전환시켰다.

이 책은 사막을 횡단한 뒤, 콜롬비아를 자전거로 여행하고 설산을 오른 뒤, 아마존으로 들어가 정글을 탐험한 것에 대해 다루고 있지만 이것 또한 사람이 한 일이다. 즉, 어떤 누구라도 할 수 있다는 말이다. 그러니 너무 무겁지 않게 나와 같이 가볍게 호흡하면서 따라가다 보면 깊숙한 자연의 향을 맡을 수 있을 것이다. 그리고 지금 이 책을 읽고 있는 당신 또한 아무리 사소한 것일지라도 남들의 시선에 구애받지 않고 용기를 낼 수 있는 멋진 사람일 것이라 믿는다.

MEDICAL SERVICES

제1장

바람

하늘은 나를 빨아들이고 태양은 또다시 웃음만 짓고 있다.
이미 시간이 멈춰버린 듯한 세상을 걷고 있기에……

칠레 아타카마 사막 마라톤 대회

세계 4대 극한 마라톤 대회 중 하나로
극한 마라톤, 사막 마라톤, 오지 마라톤,
서바이벌 마라톤이라 불리는 사막 대회다.

이 대회는
7일간 250km를 달린다.

아타카마 사막 마라톤에 대한 설명

지구 상에서 가장 건조한 소금 사막이 있다. 극한의 환경을 가진 이곳에서는 매년 사막 마라톤이 열리는데 이를 칠레 아타카마 사막 마라톤 대회Atacama Crossing라고 한다. 모든 참가자들은 식량과 장비, 옷 등 필요한 모든 짐을 짊어지고 외부의 지원 없이 총 6개 구간(250km)을 7일 동안 달린다. 최소한의 생명을 유지할 수 있는 물을 마시며 계곡, 강, 협곡, 소금사막, 화산지대 등의 길을 가로지르는 이 대회는 세계 4대 극한 마라톤 대회(아타카마, 고비, 사하라, 남극) 중 하나다.

총 거리는 해마다 약간의 변동이 있으며, 참가자들은 7일 6개의 구간 중 마지막 2일 동안은 80km 이상을 멈추지 않고 달리는 코스를 꼭 거친다. 4대 극한 마라톤 중에서도 해발고도(3,200m)가 가장 높고, 낮 기온은 40도이면서 밤 기온은 영하로 떨어지는 엄청난 일교차를 보여 더위와 추위를 동시에 이겨 내야 하는 어려움이 있다. 또한, 지형이 워낙 험난하기 때문에 4대 극한 마라톤 중에서도 난도難度가 가장 높은 대회다.

아타카마 사막은 지구에서 달과 가장 흡사하여 나사NASA에서 우주인 훈련을 하는 장소로도 유명하다. 내가 참가했던 2013년 대회 때는 총 33개국 나라에서 150명이 참가하였다.

사막 마라톤을 준비하면서

참 많은 일이 있었다. 2012년 말부터 수많은 시간을 허겁지겁 정신없이 준비하며 보낸 것 같다. 당시에는 여러 기업과 계속해서 접촉해야 했고 비용을 마련하려고 일용직 일을 하루에 1~2탕씩 해야 했기에 도전에 대해 기록하거나 블로그에 써야 한다는 생각도 못 했다. 그나마 내가 이 도전을 하게 된 내용이 MBC 라디오 「여성시대」에 정리되어 나왔다. 내가 사막에서 고군분투하고 있을 3월 8일(금요일)에 말이다.

이 내용을 꼭 3월 8일(금요일)에 보내주세요! 그래야만 의미가 있습니다. 그럼 지금부터 제 사연을 시작하겠습니다.

안녕하세요? 저는 올해 27살을 맞이하는 부산의 건장한 청년입니다(동아대학교 4학년 휴학 중). 저는 지금 글을 쓰고 있는 시점부터 정확히 한 달 뒤인 3월 2일에 제 인생에서 아주 크고 값진 도전을 하러 칠레의 아타카마 사막으로 갑니다. '죽음의 레이스', '극한 마라톤', '서바이벌 사막 마라톤', '지옥의 레이스' 등 수많은 수식어가 붙는 사막 마라톤 대회에 참가하는 겁니다.

기상 관측 이후 비가 한 번도 내리지 않았다는, 세상에서 가장 건조한 그 사막에서 6박 7일 동안 250km를 정해진 시간 내에 들어와야 합니다. 제공되는 건 오로지 물뿐이고 7일간의 식량과 잠자리들을 모두 짊어지고 뛰어야 한답니다. 남들이 보면 '제정신이 아니다'라고 생각할 만한 일에 제가 왜 도전하는지 궁금하시죠?

어릴 적부터 자연환경과 동물을 사랑했던 저는 『내셔널 지오그래픽NATIONAL GEOGRAPHIC』과 같은 다큐멘터리의 작가가 되기로 결심했습니다. 『내셔널 지오그래픽』의 작가가 되려고 몇 년 동안 부산의 모든 곳을 자전거로 다녔고 그러다 보니 우리나라 최대 사이클 대회인 투르 드 코리아Tour De Korea에 출전하기도 했습니다. 수요일 밤마다 산이나 자연에서 잠을 잤던 경험을 바탕으로 대한산악연맹의 오지탐사대원으로 선발되어 키르기스스탄Kirgizstan의 산악오지를 경험하기도 했고요. 홀로 인도로 떠난 뒤 『내셔널 지오그래픽』 잡지를 혼자서 몇 개월에 걸쳐 만들어 한국 『내셔널 지오그래픽』 편집장님을 찾아갔다가 퇴짜를 맞기도 했습니다. 그러다 오지 탐사대로 선발되어 다녀온 글과 사진이 산악 전문 잡지와 일간 스포츠지에 실렸고, 사진 공모전에 입상하는 영광을 맛보기도 했습니다.

그런데 왜 갑자기 사막 마라톤인가?

몇 년 전 우연히 한 라디오를 들었습니다. 라디오에서는 우리나라에서 최초로 사막 마라톤에 도전했던 분의 사연이 나왔습니다. 그분의 도전 스토리를 들으니 언젠가는 나도 꼭 도전해야겠다는 마음이 생겼습니다. 그리고 제가 아끼고 사랑하는 지구환경을 위해 좀 더 의미 있게 도전하고 싶었습니다. 바로 사막화 방지 운동을 하면서 사막 마라톤 경기에 참가하는 것입니다. 매년 봄철 우리나라가 중국으로부터 불어오는 황사 현상 때문에 피해가 이만저만이 아닌 데다가, 전 세계 사막화가 급격히 진행되고 있기에 그 심각성을 제 몸으로 직접 실천하면서 알리고 싶었습니다.

사막화 방지를 위한 캠페인!

수많은 방법을 연구하던 중 UNCCD(UN 사막화 방지 협약)에 연락하였습니다. "2013년 3월 사막 마라톤 대회에 참가할 예정인데, 사막화 방지를 위한 슬로건과 함께 제가 1km씩 완주할 때마다 얼마의 금액을 사막화 방지 기금으로 기부하고 싶습니다. 기업의 후원을 알아보는 중이며 후원을 못 받더라도 제 저금통이라도 털어서 아주 보잘것없는 금액이지만, 기부하고 싶어요."라는 뜻을 전했죠.

UNCCD에서 "아직 기업이나 개인에게 기부금을 받은 사례가 없다."는 대답이 돌아왔습니다. 하지만 만일 사막화 방지를 위한 캠페인을 하면서 대회에 참가하면 자신들의 홈페이지에 홍보를 하겠다고 했습니다.

이 일로 좋은 소식이 생겼습니다. 스위스 아웃도어 브랜드인 M사에서 제가 사막을 1km 횡단할 때마다 사막화 방지 기금으로 5달러를 UNCCD에 기부해 주기로 한 겁니다. 또한, 사막 횡단에 필요한 제품들을 지원해 주기로 했습니다. 그 외에도 제 열정과 도전을 높이 사준 몇몇 스포츠 기업에서 선글라스 및 기능성 의류들을 협찬해줬습니다. 물론, 이렇게 후원을 받으려고 며칠, 몇 주간 수십, 수백 통의 전화를 돌렸었지요.

일이 진행되면서 저는 매일 밤 독일 시각에 맞춰 새벽에 이메일과 전화를 주고받으며 UNCCD의 변호사 검증 과정을 거쳤습니다. 정말 힘겨운 과정 속에 서류 절차가 마무리되어 사막화 방지 기금을 만들 수 있게 된 것입니다. 나만의 거대한 프로젝트가 완성된 셈이죠.

성공보다 실패가 많았던 준비 과정

제가 이야기한 것만 보면 정말 많은 것들을 이루어냈다고 생각할 수도 있지만, 여기 오기까지 성공보다 실패가 훨씬 많았습니다.

제가 도전하려는 이 사막 마라톤에 참가하려면 항공료, 대회참가비, 식량 비용, 장비값 등 약 800만 원에 달하는 비용이 듭니다. 게다가 저는 사막화 방지 기부금을 따로 마련해야 하니 약 1,000만 원의 비용이 들어가는 셈이죠. 학생이 부담하기에는 엄청나게 큰 비용입니다. 이 돈이면 3학기의 학비를 낼 수도 있고 사용에 따라서 정말 알차게 쓸 수 있을 겁니다. 그렇다고 저희집이 절대로 여유 있는 집은 아니랍니다. 아버지는 회사에 다니시다가 몸이 편찮으셔서 직장을 그만두신 지도 몇 년이 되어가 연금으로 생계를 이어가고 있었습니다. 하여, 절대로 집에 손을 벌리고 싶지도 알리고 싶지도 않았습니다.

후원을 알아보려고 하루에 수십 통의 전화를 돌리고 그것도 안 돼서 서울에 있는 기업에 직접 찾아갔습니다. 종일 밥도 못 먹고 돌아다녀야 겨우 2~3곳을 방문할 수 있었는데, 담당자분 얼굴 한 번 뵙지 못하고 쓸쓸히 나와야 할 때가 많았습니다. 훈련을 위한 운동은 해야 하는데 겨울철이라 야외 운동은 부상 위험이 컸습니다. 그렇다고 헬스장 갈 여력이 있는 것도 아니었습니다. 그래서 동네 헬스장에 돌아다니며 청소라도 할 테니 하루에 1~2시간만 운동할 수 있게 해달라고 부탁하기도 했습니다. 또한, 친구들과 들었던 20만 원도 안 되는 곗돈을 깨야 했으며, 갖고 있는 물건들을 죄다 내다 팔았습니다.

최고 한파였던 겨울, 공사판을 오가기도 했고, 여인숙에서 쪽잠을 자며 3박 4일 동안 하루 20시간씩 시장통에서 일을 했습니다. 또한, 차비를 아끼려고 항상 걸어 다니거나 자전거를 타고 이동했습니다. 아무리 발버둥 쳐도 아직 채우지 못한 액수 때문에 빚을 내야겠다고까지 생각하던 중 제 노력이 보였는지 동아대학교에서 소정의 장학금을 지원해주었고, 함께 취미를 즐기는 자전거 동호회 형, 동생들이 돈을 모아 보태주었습니다. 자기들 주머니 사정도 안 좋은 걸 아는데 도와주신 분들을 보며 그래도 내가 헛되이 살지 않았음을 뼈저리게 느꼈답니다. 그러니 꼭 안전하게 다녀와야겠죠.

얘, 너 혹시 사막 가니?

사실 제가 떠난 뒤 걱정 할까 봐 주위 친구들과 부모님에겐 이 사실을 알리지 않고 갑니다. 하지만 얼마 전 전문 산악잡지 두 곳에 인터뷰를 자그마하게 했었는데 하필 제가 집을 비운 사이에 잡지가 집으로 배송되었고 그걸 부모님이 보셨습니다.

"얘 너 혹시 사막 가니?"

저는 인터뷰가 잘못 나간 거라고 우기면서 오히려 왜 제게 배달 온 물건을 허락 없이 열어보느냐며 화를 냈습니다. 그 뒤로는 어머니가 제게 무슨 말만 하면 짜증스런 말투로 대꾸를 하고 자꾸 회피했습니다. 아마 한 번이라도 누군가의 아들, 딸이었다면 제가 어떤 심정으로 그랬는지 이해가 될 겁니다.

부모님이 이 방송을 들으시고 제 뜻은 그게 아니라는 걸 알아주셨으면 합니다. 하나밖에 없는 아들 위험한 곳에 간다는데 걱정 안 하실 부모가 어디 있겠느냐만, 저는 이때까지 잘 해왔고 누구보다 잘해나갈 거라는 걸 아시잖아요. 누군가 걱정하면서 맘 졸이며 기다리고 있으면 저 또한 불편하고 무거운 짐을 두고 왔다는 심리 때문에 가서도 계속 신경 쓰일 것 같아요.

작게 실천할 수 있는, 지구 지키기!

지금 이 사연이 방송에 나가는 시점에 저는 사막 한가운데서 저 자신과의 투철한 싸움을 하고 있을 겁니다. 3월 2일부터 9일까지가 대회니까 오늘이 마지막 골인 하루 전날이고 7일간의 대회 기간 중 가장 힘든 롱 데이Long Day(가장 긴 구간을 달린다)입니다. 제가 이 사연을 쓴 것은 경품을 타기 위해서도, 누군가의 후원을 받기 위해서도 아닙니다. 제가 돈이 많은 재벌이라서 사막화 방지를 위해 직접 나무를 심을 수 있는 상황도 아니고 뛰어난 과학자라서 지구생태계 보존을 위한 연구를 할 수 있는 것도 아닙니다. 하지만 저에겐 건강한 육신이 있고 미디어 매체가 있습니다. 비록 아주 작은 개인일지라도 이러한 노력을 알려 많은 사람이 보고 경각심과 심각성을 느낄 수 있다면 제가 할 수 있는 역할을 다 할 것입니다.

제가 다큐멘터리 작가를 꿈꿨던 것도 이 때문입니다. 이제 곧 황사 때문에 또다시 전국이 노랗게 물들고, 9시 뉴스가 시끄러울 것이며, 마스크를 끼고 오가는 사람들을 보게 될 겁니다. 식목일날 나무를 심는 것이 가장 좋겠지만, 현실적으로 힘들 겁니다.

우리가 할 수 있는 일은 다들 이미 알고 있는 가장 기본적인 것들입니다. 쓰레기는 항상 휴지통에 버려주시고, 가까운 거리는 걷거나 자전거를 이용하고요, 대중교통도 버스보다는 지하철을, 각 업체나 가정에서는 항상 에너지를 아껴주시고 쓰지 않는 콘센트는 뽑아 주세요. 종이도 아껴주고 이면지를 적극적으로 사용해주세요. 또, 되도록 텀블러로 커피를 마셔서 일회용 컵 사용을 자제해 주시고요. 모두가 알고 있지만, 막상 실천은 잘 안 되는, 이런 것들만 꾸준히 지켜나간다면 어제보단 나은 세상을 기대할 수 있을 겁니다.

제가 무사히 완주하기를 응원해 주세요. 감사합니다.

RUN TO COMBAT DESERTIFICATION

- Don't let our Future dry up -

Pre-Race

아타카마 사막 마라톤을 완주하고 나에 대한 보답으로 볼리비아 우유니 사막Salar de Uyuni에서 충분히 휴식을 즐겼다. 그리고 다시 칠레 칼라마Calama 터미널에 도착한 후, 이번 여정에서 가장 소중한 DSLR 카메라, 콤팩트 카메라, 렌즈, 노트북, 외장 하드 2대, 다수의 메모리 카드 등을 모조리 도둑맞고 이 글을 쓴다. 디지털화된 것 중 내게 가장 소중했던 것들을 잃은 후, 칠래 산티아고로 되돌아가는 비행기 안에서 기억의 실타래를 따라 처음부터 다시 써 내려가고 있다.

San Pedro de Atacama

몇 번의 교통수단을 갈아타고 나서야
산 페드로 데 아타카마 마을에 도착할 수 있었다.
마을 분위기는 대회 참가자들로 인해 활기차 있었다.

세상 반대편 미지의 세계를 알고 싶어 비행기에 올라탔다. 앞으로 한동안 못 보게 될 나의 조국과 친구들 그리고 가족들을 그리워하면서, 다른 한편으로는 스페인 어와 라틴에 대한 동경 그리고 날 뜨겁게 반겨줄 더위를 상상하면서 40시간 동안 4번의 비행기를 갈아타고서야 미지의 대륙을 밟을 수 있었다.

창밖 풍경은 그야말로 황량하기 짝이 없었다. 사막 한가운데에 억지로 만들어 놓은 활주로, 멀리서도 확연히 보이는 모래바람 그리고 공항의 크기는 버스 터미널보다도 작았다.

산 페드로 데 아타카마San Pedro de Atacama. 이 오아시스 마을에는 이미 전 세계 각국의 참가자들로 북적거려 생명의 활기가 불었다. 나도 이들과 함께 호흡할 '제정신 아닌 참가자'로서 이러한 모습을 보고 설레지 않을 수 없다.

이 마을서부터 이미 고산지대다. 고소 적응도 할 겸 선수 숙소에 짐을 내려놓고 천천히 걸으며 마을 구석구석을 살폈다. 물론 표현할 수 없을 만큼 덥지만, 아직은 주체할 수 없는 이 설렘이 더욱 크기에, 어린아이처럼 이곳저곳 사진을 찍으며 더위를 즐기고 있었다.

저녁이 되어선 다른 한국 선수들끼리 모여 인사도 하고 앞선 경험이 있는 분들로부터 조언도 들을 수 있었다. 나와 동갑내기인 진성이와 이날 하루 같은 방에 배정받았고, 그 다음 날 있을 장비 검사를 위해 최종적으로 짐 정리를 하였다. 단 1g의 무게라도 줄여보려고 식량의 겉 포장지를 잘라가면서 간소화시키는 작업을 하는데, 또 다른 한국인 참가자가 새벽에 도착하여 인사를 나누었다. 재수 없게 비행기가 가까운 공항에 착륙하지 못해 다른 지역에 내려 대회 시작 때까지도 도착하지 못 할 뻔했다고 했다. 이름은 임혜창이었고 우리 중 가장 어린 친구다. 그렇게 우리의 짐 정리는 새벽이 깊어질 때까지 계속되었다.

다음 날 아침, 본격적 경기를 위해서 사막으로 이동하는 날이다. 오전에는 주최 측의 브리핑과 장비 검사, 메디컬 테스트 그리고 만약의 사고에 대비한 신체적·정신적 포기 각서 등에 대한 서류 절차를 마친다.

장비 검사를 하기에 앞서 전체적인 무게를 기록하는데, 이는 배낭 무게가 너무 많이 나가면 선수들의 안전, 생명까지도 위협받을 수 있기 때문이다. 나의 배낭 무게는 물을 포함하여 약 13kg이었고 보통 참가자들의 배낭 무게는 6~15kg 사이까지 다양하다. 이것은 무엇을 의미하느냐 하면 기록에 목표가 있는 선수들이라면 20일 치의 식량을 가루로 선택하면서 경량화에 초점을 맞추고, 완주에 목표가 있거나 먹는 것을 소중히 여긴다면 그만큼 무게가 더 나가는 것이다.

대회 주최 측에서 제시한 꼭 필요한 필수 장비들(20끼의 식량, 나침반, 랜턴, 구급 의약품 등)을 검사받고 하나라도 빠지

숙소에서 다음 날 있을 장비 검사를 위해 짐을 정리하고 있다.
어떻게든 무게와 부피를 줄여보려고
음식 포장지를 가위로 잘라내면서 밤을 지새웠다.

장비 검사는 생각보다 꼼꼼하게 이루어진다.
대회에 필요한 필수 장비와 20일 치의 식량을 최소 칼로리로 맞춰야 하며
배낭의 무게 또한 너무 많이 나가도 너무 적게 나가도 안 된다.

밤이 되자 기온은 급격하게 내려갔고

모닥불 앞에서 쏟아지는 별들을 바라보며 사막에서의 첫날밤을 보낸다.

면 경기에 임할 수 없다. 이렇게 사전 브리핑과 검사가 끝나고 모두 밴에 올라타 사막 한가운데로 이동했다. 그곳에는 미리 대형 막사가 처져 있었고 나는 내가 사용할 텐트를 확인한 후, 앞으로 지독스럽게 따라다닐 '고생'에게 인사했다.

해발 3,270m. 해가 지고 나니 상당히 추워졌다. 모두가 구스다운을 꺼내 입는다. 이곳 아타카마 사막은 일교차가 최대 40도 이상 벌어지는 극악의 기후를 보이는 험난한 사막이다. 사막이 이렇게 추워도 되나 싶지만, 모닥불 앞에서 쏟아지는 별들을 보며 사막에서의 행복한 첫날 밤을 보낸다.

Stage 1 - Into the wild

Navigation
by Rock 35.2km

새벽 5시. 첫 레이스를 위해 새벽에 일어나 경건한 마음으로 준비한다. 아직 까마득한 밤이지만, 하나둘씩 일어나 각자가 준비한 식사로 끼니를 때우고 짐 정리와 스트레칭을 한다. 레이스의 시작은 8시인데, 아직 고산에 적응을 못 한 탓인지 벌써 구토하는 사람, 밥을 잘 못 먹는 사람, 밤새 추위에 온몸을 떨며 보낸 사람도 볼 수 있었다. 다행히도 나는 아직 아무 탈 없으며 컨디션 또한 좋다. 이 풍경들을 보니 누군가 내게 했던 말이 생각난다.

"잘 먹고, 잘 싸고, 잘 자는 게 제일 행복한 거야."

이 말이 이곳에서 더욱 와 닿는다. 그중에 유난히 눈에 띄는 이들이 있었는데 바로, 브라질에서 참가한 시각장애인과 그의 파트너. 둘을 하나로 이어주는 끈을 꼭 붙잡고 추위에 떨며 시작을 기다리는 모습이 인상적이었다. 레이스 첫날

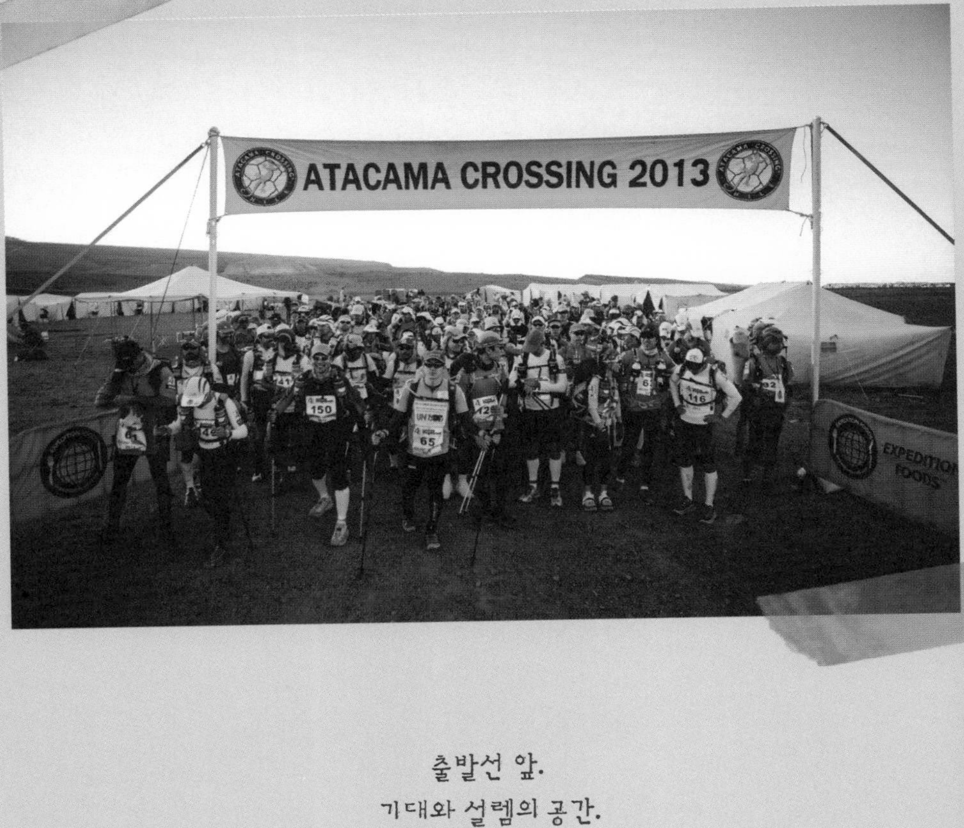

출발선 앞.
기대와 설렘의 공간.

이라 그런지 다들 들뜬 분위기였는데, 나 역시도 출발선 가장 앞에서 기념 촬영도 하고 주최 측에서 틀어준 강남 스타일에 맞춰 춤도 춘다.

출발 신호가 울려 퍼지고 이제 막 세상 밖으로 나와 스스로 허물을 벗고 자유롭게 날갯짓을 하려는 나비처럼 힘차게 뛰어나갔지만, 약 500m 정도를 가다가 차오르는 숨 때문에 호흡을 고를 수밖에 없었다. 그렇다. 여긴 평균 해발고도 3,000m의 고원지대다. 이곳 아타카마 사막은 평평한 지역이 계속 이어지기보단 끊임없는 오르막과 내리막이 이어지기 때문에 참가자들을 더욱 지치게 한다. 하지만 나중에서야 깨닫는다. 첫날은 그저 유치원 수준밖에 안 된다는 것을 말이다.

그렇게 걷고 뛰고를 반복하며 체크 포인트Check Point(이하 CP)1을 순식간에 지나고 2까지도 온몸에 물만 적신 후 빠르게 통과한다. CP에 대해 간단하게 부연 설명을 하자면, 각 참가자가 이 지역을 통과했다는 사실을 기록하는 곳이며 사막 중간에서 유일하게 물을 공급받으면서 그늘에서 휴식도 취할 수 있는 곳이다. 휴식 여부는 순전히 본인 선택이며 일인당 제공되는 물의 양은 한정되어 있다.

나는 무슨 영문인지 CP1에서 CP2를 별도의 휴식 없이 지나쳤다. 하지만 3번째 CP로 가는 길에 나타난 협곡 안에서 내가 진짜 사막에서 달리고 있다는 걸 실감했다. 해는 중천에서 자기가 가진 최대한의 에너지로 나를 뜨겁게 내리쬐고, 금방 끝날 것 같던 나지막한 오르막은 끝나지 않는다. 내

처음엔 다들 함께 출발하지만, 시간이 지나면 어느새 각자의 길을 가고 있다.
여기엔 정해진 법칙도 없고 요행도 없다.
더 빨리 가는 사람들도 있지만, 더 느린 사람도 있다.
중요한 건 스스로 포기하지 않고 나가려는 의지다.

가 너무 만만히 보았는지, 커다란 협곡들이 시야를 가리고 있어 앞으로 남은 길이 당최 짐작이 안 된다. 결국엔 휴식 없이 움직여 온 다리 근육이 못 버티고 그만 경련을 일으킨다. 뜨거운 햇빛을 피할 그늘도, 나를 도와줄 사람도 보이지 않는다. 여기선 모든 걸 스스로 해결해야 한다. 그렇기에 '서바이벌 극한 마라톤'이라는 이름이 의미 있는 것이다. 바위에 다리를 올려 고정시켜 놓고 안간힘을 써가며 근육을 충분히 이완시킨 후 다시 떠났다.

이제 물과 철저하게 오늘만 먹으려고 분류해 놓은 행동식(등산할 때 언제든지 꺼내 먹을 수 있는 간식)도 고갈되었다. 어떻게든 CP3까지 가서 물을 보충하고 휴식을 취해야만 했다. 도중에 주최 측 포토그래퍼 숀Shaun이 나타났고 사진을 찍으면서 이제 약 3km 정도 더 가면 다음 CP가 나올 것이라고 알려준다. 정신을 집중하여 가다가 보니 드디어 자원봉사자들의 응원 소리가 들려오기 시작했고, 내 시야에 들어온 그들은 함성으로 격렬히 반겼다. 이미 많은 이들이 여기서 휴식을 취하고 있었고 나 또한 배낭을 내려놓고 앉으면서 신발을 벗어보았는데 처음 신은 새 양말이 열기 때문에 벌써 구멍이 났다. 조금만 더 가면 오늘의 캠프지가 나오니 힘을 내어 일어난다.

앞으로 남은 날들이 걱정이다. 그러나 고생은 각오하고 있었다. 첫날이라 그런지 이 정도 고통은 즐기면서 할 수 있다는 생각이 앞서 유쾌하게 발걸음을 옮긴다. 가장 일찍 도착한 동생 혜창이가 짐을 거들어 주면서 반겼다. 그리고 나 또한 아직 도착하지 않은 한국 참가자들을 기다리며 오늘 하루에 대한 보상으로 달콤하고 여유로운 휴식을 취한다.

다리에 쥐가 나거나 다치더라도 도와줄 사람이 없으니
스스로 해결해야 한다. 그러나 아직은 괜찮다.

팔과 얼굴 등은 햇볕으로부터 보호하려고 신경을 썼지만
목을 신경 쓰지 못해 대회를 시작하는 첫날부터 이렇게 익어버렸다.
덕분에 첫날 잠자리를 고통 속에서 보내야 했다.

Stage 2 - 신비의 사막

The Slot Canyons
44.8km

사막에서의 두 번째 밤이 지났다. 첫날 종일 햇볕에 노출된 목이 프라이팬에 구운 듯이 빨갛게 익어버렸고 그 때문에 밤새 편하게 누워 자질 못 했다. 신체에서 노출될 수 있는 다른 피부는 기능성 의류들을 적절히 이용하면서 보호했지만, 목은 신경 쓰지 못했더니 햇볕에 그대로 노출되었다. 발에는 약간의 물집이 잡혔다. 뭐, 이 정도는 충분히 예상한 거다.

오늘 코스는 시작과 함께 강과 협곡을 건너야만 한다. 이곳은 사막이지만, 우리가 흔히 알고 있는 모래만이 있는 것은 아니다. 아타카마 사막은 험난한 지형이 무수히 많은데 4대 극한 마라톤 중 왜 이곳 난도가 가장 높은지 다시 한 번 실감한다.

오늘도 어제와 다르지 않게 힘차게 출발하였다. 아직 해가 완전히 떠오르지 않아 비교적 선선함을 느끼며 시작할 수 있었다. 출발 후 얼마 되지 않아 협곡 안으로 들어왔고 그곳

시작하고 얼마 되지 않아 협곡으로 나 있는 강에 빠지게 되는데
다이나믹한 상황과 거친 환경을 즐기러 온 참가자들은 짜릿하기만 하다.
아무것도 없는 지평선만 나 있는 사막보다는 훨씬 재밌는 요소다.

에선 강물이 흐르고 있었다. 나는 다른 선수들과 마찬가지로 과감히 물에 뛰어든다. 첨벙첨벙하며 튕겨 나오는 물방울이 뺨에 닿을 때면 나도 모르게 입가에 미소가 절로 난다. 그리고 가슴 속에서 내 안의 자아가 외친다.

"그래, 내가 이걸 느끼고 싶어서 여기 온 거야!"

환경이 거칠어질수록 더 짜릿하기만 했다. CP1에서는 신발에 가득 들어간 모래와 진흙을 털어내면서 10분을 쉰다.

협곡을 내려왔으니 이제 다시 오르막이 나온다. 하지만 가벼운 정도의 오르막이 아니라 높은 산을 하나 넘는 느낌이다. 내 앞의 오르막은 가도 가도 끝이 보이지 않았고 가다가 보니 동굴이 하나 나왔다. 동굴 속은 정말 눈앞이 하나도 안 보일 정도로 컴컴했다. 벽을 짚으면서 10분 정도를 육감에 의지하여 갔는데, 나중에 사진을 통해서 그 이유를 알 수 있었다. 반대편으로 들어오는 빛으로 충분히 동굴 내부가 잘 보일 수 있었지만, 난 선글라스를 그대로 끼고 있었던 것이다. 그것도 모르고 너무 어둡다며 눈뜬장님처럼 기어가고 있었다. 자꾸만 나타나는 새로운 세상에 놀랐고 당장 이 시간을 즐기느라 그만큼 정신이 없었던 거다.

동굴을 통과하고 나니 나는 이미 이 광대한 사막을 하늘에서 조망하듯이 볼 수 있는 위치에 서 있었다. 앞으로 더 넘어야만 하는 거대한 언덕의 중턱까지 올라왔다. 신비의 아타카마는 모래 숲을 내게 선사했다. 하지만 이것은 겨우 진짜 아타카마의 10%도 안 되는 것이라 믿고 있었다.

나머지 올라가야 할 반대편 사면으로 수많은 발자국이 보였고 띄엄띄엄 선수들이 보였다. 한참 숨을 헐떡이며 올라갔다. 하늘은 구름 한 점 없이 파랗고 나는 거기에 더욱 가까워지고 있었다. 그리고 앞에 나타난 또 다른 세상. 그랬다. 아타카마는 이곳에 큰 보석을 숨기고 있었다. 농부가 온갖 정성을 다해 힘들게 땀을 흘려가며 씨앗을 뿌리면 가을에 추수하는 보상이 있듯이, 이 풍경은 고되게 달려온 나에게 큰

레이스 도중 산 하나와 맞먹는 거대한 모래 사구를 만났다.
그리고 그 반대편으로 나 있는 신비한 아타카마의 모습은
사막의 더위를 시원하게 뻥 뚫어버린다.

보상이었다. 나는 레이스라는 것도 깜박 잊은 채 사진을 찍느라 50~60여 명의 선수를 앞으로 보냈다. 그렇게 두 번 다시는 경험하기 힘들 것 같은 거대한 모래 사구를 마음껏 눈과 가슴에 담고 내려간다.

바람의 영향 때문인지 내려가는 반대편 사면은 100% 모래로 덮여 있었는데 경사면과 높이가 스키장 정도였다. 단지 그게 눈이 아니라 모래라는 점과 춥지 않고 덥다는 점이 큰

차이일 것이다. 이곳은 천진난만한 아이처럼 마구마구 뛰어 내려가야 할 것 같았다. 내 앞에 있던 영국 선수도 그것을 느꼈는지 힘차게 뛰어가면서 구르기도 하고 미끄럼을 타기도 한다. 너무 덥고 힘든 상태지만, 지금 이곳은 세상에서 가장 넓고 신비하고 조금 거친 어른들의 놀이터다. 나 또한 이 광활한 놀이터를 즐길 자격이 있기에 미친 듯 달려나간다. 하지만 다 내려오고 나선 역시나 신발에 모래가 한가득하다. 모래를 털어내고 그 잠깐의 시원함을 뒤로 한 채 다시 메마른 사막을 걸었다.

CP2는 시야에서 보이지 않은 곳에 얄밉게 숨어 있었는데 그곳에서 햇빛을 피해 잠깐의 휴식을 취했다. 휴식은 달콤하지만, 마약과 같아서 길어지면 길어질수록 빠져나오기가 힘들다. 하루 중 가장 뜨거운 시간대가 시작되었고 더 있고 싶은 마음을 억지로 누른 채 홀로 길을 나섰다. 가는 도중 사막에서 보기 힘든 오아시스를 만났고(물론 우리의 상상 속에 있는 아름다운 오아시스가 아니라 먹지 못하는 흙탕물인 오아시스지만) 아득히 멀리 보이는 화산 정상에 눈이 덮여 있는 비현실적인 경치가 보였다. 그리고 말라서 뼈만 보이는 동물의 사체들을 발견하기도 했다.

나의 앞뒤로는 누구 하나 보이지 않고 이글거리는 태양만 웃음 짓고 있다. 얼마나 시간이 흘렀는지도 모른 채 가도 가도 끝이 없는 지평선을 건넌다. 고독한 공간. 어쩌면 완벽한 반성의 시간일지도 모르겠다. 그렇게 수만 가지 생각들을

어느 동물의 사체인지는 모르겠으나 죽은 지 얼마 안 된 것 같았다. 이 장면을 목격하고 나서야 내가 정말로 사막 한가운데에 와 있다고 실감했다.

반복하며 영겁의 시간들을 흘려보냈다. '이제는 CP3가 나올 때도 되었는데……' 하지만 결코 모습을 드러내지 않는다.

마음을 아예 내려놓은 채 한참을 더 갔더니 펄럭이는 깃발 너머에 자원봉사자로 참가한 진경이의 앙칼진 목소리도 들린다. 자신의 친오빠 동환이를 응원하려고 이번 대회에 자원봉사자를 신청한 것이다. 난 정말 기뻐 모래에 꽂혀있던 깃발을 뽑아 흔들었다. 멀리서 응원하는 목소리들이 더 크게 들려온다. 이 CP3에서 여태껏 가장 오랜 휴식을 취하면

아타카마에서 고생을 하는 이들은 비단 참가자뿐만이 아니다.
각 CP와 캠프지에서 선수들을 위해
몸을 아끼지 않는 자원봉사자들도 있다.
한국에서는 유일하게 선수로 참가하는
친오빠를 따라 자원봉사를 나온 진경이가
친오빠의 모습이 멀리서 보이자 더 격렬히 응원하고 있다.

서 열기를 식히고 있는 동안 진경이 친오빠 동환이가 도착하였고 나와 동갑내기였던 이 친구와 함께 있으니 CP3의 응원 분위기는 더욱 고조되었다.

동환이까지 충분히 휴식을 취하는 것을 기다렸다가 함께 마지막 길을 떠났다. 출발 후 30분 정도 걸었는데 쓰러져 있는 인도계 미국 참가자가 보였다. 무슨 영문인지 물어보니 발이 부러진 것 같다고 한다. 난감한 상황이다. 연락을 취할 수도 없어서 CP3로 되돌아가 자원봉사자에게 알리려고 했다. 하지만 CP3는 지금 철수를 준비하고 있을 것이다. 한참을 서성이며 발을 동동 구르고 있는데 다행히 순찰차가 그 지역을 통과하고 있었다. 사정을 전달한 후 그를 넘겨주고 다시 떠났다.

역시나 출발 후 1시간 정도가 지나니 많은 생각이 든다. '이 비싼 참가비에 콜라 한 잔만 줬어도…… 아니, 사막의 열기로 인해 다 데워진 뜨끈한 물 말고 시원한 물 한 잔만이라도!' 갑자기 이 대회를 주관한 곳이 원망스럽기까지 하다. 그러고 보니 거리 실측도 잘못 측정한 게 분명하다며 이런저런 불평을 늘어놓고 있는데 멀리서 보이는 아름다운 캠프지를 보고선 그 모든 불만이 사그라들었다. 붉게 물들인 호수에 비친 또 다른 소금호수, 흔들리는 갈대와 깃발. 그 아름다움에 젖어 하루를 마무리한다.

자신의 다리가 부러진 것 같다며 누워있는 미국인 참가자.
다행히도 발견하고 얼마 지나지 않아 주최 측 요원이 정찰을 위해 지나가고 있었고
그는 곧바로 캠프까지 후송될 수 있었다.

붉게 물든 하늘과 그에 비친 소금호수를 보면서 하루를 마무리한다.
낮 동안 힘들었던 시간들을 사막은 이 짧고 경이로운 찰나의 순간으로 보상한다.

Stage 3 – 바람의 언덕

The Atacama
Trail 40.6 km

3일 차. 오늘의 기억은 너무나 뜨거웠던 태양과 모래만이 확연히 떠오를 뿐 나머지 기억들은 파편조각으로 흩어져 있다. 오늘도 평소와 다름없이 아침에 일어나서 식사하고 스트레칭을 하고 짐을 챙기면서 출발을 준비했을 것이다. 이틀간 잘 해왔으니 이대로만 쭉 간다면 완주는 충분할 수 있다고 생각했을 것이다. 오늘은 또 어떤 세상이 앞에 나타날지 기대하면서 출발했을 것이고 '아무리 힘든 상황이 닥쳐와도 인간 김정철을 무릎 꿇게 하지 못할 것이다.'라고 가슴에 새기면서 더위를 이겨냈을 것이다.

그렇게 여전히 고독과 반성의 시간들을 견뎌내며 몇 시간째 경기가 흐르고 있었다. 오늘따라 너무나도 멀었던 CP3에 도착하여 휴식을 취하고 있을 때 한국 참가자들 몇이 합류하여 마지막 캠프를 향해 같이 이동하였다. 사막 마라톤에선 가장 경험이 많았던 유지성 대장이 선두에서 꽤 빠른 속도로 외국인 선수들을 제쳐나간다. 중간에는 열사병으로 쓰러진 참가자도 있었고 한두 명씩 경기를 포기하는 이들도 보였다. 마지막 중간 지점halfway을 지나쳤고 이제 곧 있으면 마지막Finish 결승점이 나올 것이다. 그런데 점점 몸이 이상하다. 헛구역질이 나오고 몸 안에 힘이 다 빠져나가는 기분이다. 머리도 핑 돌고 목이 타들어 간다. 물을 마시면 곧바로 올려낼 것 같아서 마음대로 마실 수도 없다. 그늘이 없어 쉴 수조차 없다. 묵묵히 나아가보려 했지만 오늘만이 레이스가 아니

이날쯤 되면 다들 이곳의 생활에 익숙해져 있다. 모두가 몇 시에 일어나 밥을 먹고 몸을 풀면서 준비를 해야 좋은 컨디션으로 하루를 시작할 수 있는지 알고 있다.

국내에서는 최초로 사막 마라톤에 참가하고 이를 알린 유지성 씨와 장난도 쳐본다. 그리고 이 사진은, 나의 활기찬 모습의 마지막 사진이다.

기 때문에 도저히 안 될 것 같아 사구 밑으로 생긴 작은 그늘에 몸을 숨긴다. 지금 상황에서 힘든 건 누구나 같을 텐데 내가 발목을 붙잡는 게 싫어서 또, 이런 내 모습을 보이기도 싫어서 같이 있던 동료들에게 먼저 가라고 부탁했지만, 끝까지 날 기다려준다. 전환이 형, 지영 누나, 동환이에 대한 고마움을 어떻게 표현할 수 있을까.

여태껏 적지 않은 육체적 한계를 경험해 봤다. 하지만 이건 앞의 경험들과는 다른 차원의 문제였다. 몸 안에서 무언가가 잘못되었다. 지금 당장 내 몸에 어떤 문제가 있지만, 내 정신력은 절대로 이곳에서 멈출 그릇이 아니기에 포기라는 단어조차 생각나지 않았다. 그렇게 다시 자리에서 일어나 구역질이 나오면 나오는 대로 계속 발걸음을 이어나갔다. 30걸음에 한 번 나오던 구역질은 점점 20걸음, 그리고 10걸음에 한 번씩으로 그 주기가 짧아져 갔다. 이보다도 더 내게 패배감을 주는 것은 이날의 코스였다. 시야에서 캠프장이 보였지만, 이건 직선거리로 날아갔을 때의 이야기고 실제로는 온갖 언덕과 내리막이 한없이 길을 늘려 놓았다.

마감 시간Cut-off time까지 앞으로 40분이 남았지만, 정말로 도착했다 생각하면 눈앞에 또 큰 언덕이 나온다. 이 코스를 계획하고 주최한 곳을 한없이 원망하며 마지막 남은 정신력을 다 짜내어 집중한다. 간소한 차이로 마감 시간 안에 통과할 수 있었다. 나는 곧바로 메디컬 텐트로 향했다. 알고 봤더니 내가 3일 내내 순수한 '물'을 안 먹고 'nuun'이라는 전

다음 CP까지 반이 남았다는 것을 알려주기 위한 Halfway. 이 표시가 힘이 되지만 때로는 더욱 지치게 한다. 덥고 힘들수록 자신은 정말 많이 왔다고 믿고 싶지만, 앞으로 반이나 더 가야 쉴 수 있다는 것을 의미하기 때문이다.

해질을 항상 같이 섭취해서 몸속에 피가 끈적하게 달라붙은 데다 열사병에 물 중독 증세까지 있었던 것이다. 앞의 수많은 대회에서도 나와 같은 실수를 범한 선수들이 이런 경우 대부분 포기하거나 닥터 스톱Doctor-stop을 당했다고 한다. 닥터 스톱은 말 그대로 본인의 의지와 상관없이 의사가 생명에 위협이 있고 더 이상 경기를 이끌어 나갈 수 없는 몸 상태라고 판단하면 참가자의 자격을 박탈시키는 것이다. 그냥 누워서 쉬고 싶었다. 이날 이후 내 몸은 완전히 망가졌다. 더 이상 레이스가 아닌, 하루하루 살아남고 버티는 게 우선이었다.

지영 누나

아타카마에 참가하기 전 사하라 마라톤을 먼저 완주하고 온 지영 누나. 87년생 3명의 동갑내기 참가자들에겐 엄마(?) 같은 존재였고, 대회 이후 나 혼자 남미에 남아 있을 때 많은 도움을 준 소중한 인연이다.

episode

마지막 15분을 남긴 시점. 언덕 위에서 뉴질랜드에서 온 기호 선생님께서 깃발을 흔들며 힘내라고 반겨주고 있었는데 지영 누나가 나에게 진짜 다 왔다며 힘을 실어준다. 하지만 언덕이 하나 더 있는 걸 발견하고선 정말 미안해서 뒤돌아서 내게 말해주는데 그 모습을 보고 기호 선생님이 '지영이가 이번 코스가 너무 힘들어서 좌절해서 울고 있구나'라고 착각한 에피소드.

그 후 나의 아버지뻘인 이안익 선생님이 저녁 먹을 때 내가 당이 떨어져서 그런 거니 같이 사탕 먹자고 말했다가 둘 다 아이 취급받아 다 같이 웃었던 에피소드.

가장 최악의 코스였던 Stage3가 종료되고 다들 지친 몸 상태로 저녁 식사를 한다.
날이 다 저물었지만, 아직 들어오지 않은 참가자들도 있었다.

아직 해가 완전히 떠오르기 전,
일교차가 40도 넘는 사막은 날씨가 제법 선선하다.
이때 서둘러서 많은 거리를 미리 빼놓는 것이 현명하다.
같은 거리를 가더라도 날씨에 따라 실제 체력 소모와 감정은 180도 다르다.

Stage 4 – 태양의 키스

The Infamous Salt Flats 44.2km

고통 속에서 아침을 맞이한다. 이제부터 남은 코스들이 진짜 시작인데 내 몸은 이미 결승선을 다 통과한 듯한 상태다. 스타트도 평소와는 달리 활기차게 시작하지 못한다. 여느 때와 마찬가지로 오전 8시에 총소리는 울려 퍼졌고 기운이 없는 난 시작부터 100여 명의 선수를 앞으로 보낸다. 그래도 오늘 단 한 가지 기대를 해보는 것이, 내가 입수한 정보에 따르면 CP1을 통과할 때쯤 작은 마을을 통과하는데 그

11시 이후 해가 중천에 뜨고 나면 자신과의 싸움이 시작된다.
앞뒤로 차이가 크게 벌어져 아무도 보이지 않고
지면에 반사되는 햇볕을 받으며 광활한 사막을 건너야 한다.

때 몰래 콜라를 사 먹을 수 있다는 것이다. 이날만을 위해서 콜라 한 캔 정도는 사 먹을 수 있을 만한 칠레 화폐도 챙겨왔다. 시원한 냉장고에서 갓 꺼내어 서리가 껴있는 캔 콜라를 건네받고 "딸각" 소리로 시작되는 지휘 소리와 함께 올라오는 탄산의 오케스트라를 들으며 단 한 번에 그리고 단 한 방울도 남기지 않고 메마른 나의 갈증을 해소할 상상을 하며 나아갔다.

어제 이후로 난 강행군을 할 수 없는 상태라는 걸 인지했다. CP마다 적당한 휴식을 취하면서 여기에서 '살아남기'로 했다. CP1에 도착하여 쉬면서 마을이 어디에 있는지 주위를 살펴보았다. 나같이 콜라를 갈망하는 참가자가 과거에 많았는지 주최 측에서 정말 고맙게도 마을을 가로지르는 코스가 아니라 외곽만 잠시 지나가게 코스를 만들어 놓았다. 도저히 '그 임'을 구할 수 없었다. 콜라에 대한 나의 갈망은 2배가 되었고 정신적 욕구까지 박탈당한 느낌이었다.

이제 곧 있으면 12시가 되고 가장 뜨거운 하루가 시작된다. 모래로 이루어진 구간을 지나고 있다. 바닷가 백사장에서 걷거나 뛰어본 이들은 알겠지만 이러한 곳은 체력 소모가 훨씬 더 심하다. 그렇지만 나처럼 발에 상처가 많은 이들은 상처가 오히려 완충 역할을 하여 고통을 감소시켜 준다. 현재 발톱 4개는 이미 검은색이 되어 죽었고 빠지기 직전이다. 오늘 놓쳐 버린 콜라를 마시려면 앞으로 3일이나 더 가야 한다. 마음속으로 수천 번은 더 탄산의 경쾌한 오케스트라에

드넓은 사막 한가운데 CP가 초라하게 펼쳐져 있다.
아무리 장애물이 없어도 아지랑이 때문에 멀리서는 형체가 보이지 않고
500m 안으로 가야 겨우 깃발의 모습을 보고 안도의 한숨을 내뱉는다.
또한, 장애물이 있는 지형에서는 주최 측에서 일부러 CP의 모습을 감춰 놓기도 한다.

CP에서 자원봉사자들이 한 참가자에게 물을 공급해 주고 있다.
순위권을 노리는 선수라면 보통 물만 보충하여 자리를 떠나고
완주에 목표가 있는 참가자들이라면 그늘에서 신발을 벗고 잠시 쉬었다가 간다.

또 다른 동갑내기 참가자 진성이.
내가 발 때문에 고생했다면 이 친구는 피부 때문에 대회 내내 곤욕이었다.
알레르기와 함께 피부가 다 벗겨져서 뜨거운 햇빛을 피하려고
천을 잘라 자신이 직접 보호대를 만들었고
대회가 다 끝나고 나서도 낮에는 절대로 밖에 나오지 않았다.

대회 중 가장 어려운 구간.
이쯤 되면 대부분 참가자들의 발이 성하지 않다.
굳어버린 소금들이 신발을 찢고 들어와 고통을 더해준다.
그리고 하얀 소금에 반사된 햇빛이 더위를 배가시킨다.

대한 아쉬움과 잃어버린 멘탈을 찾으려 부단히 노력하다 보니 CP2까지 도착하였다.

CP2에선 평소보다 훨씬 많은 인원들이 휴식을 취하고 있었는데 이유는 다음 코스가 주최 측에서 정한 최고 난도 'Extremely Difficult' 구간이기 때문이다. 사하라, 고비, 남극에도 없는 이 난도는 굳어버린 소금결정체가 송곳같이 나 있어 신발 밑과 옆을 뚫고 들어오고 발의 고통을 극대화해 신발까지 망가뜨리는 코스다. 게다가 하얀 소금들이 태양 빛을 반사시켜 더위와 자외선 강도를 극대화시키고 CP 간의 간격 또한 대회 중 가장 길게 측정되어 있어서 더욱 악조건

이 연출된다. 시간 또한 오후 2시였다. 가장 더운 조건이라 누구 하나 선뜻 나서기를 꺼리는 분위기인 데다가 이 불구덩이에 들어가기 전 조금이라도 더 휴식을 취하고 싶은 마음일 것이다.

일본인 시각장애인 하마다 씨와 함께 참가한 기호 형님이 뒤이어 도착하시는데 오는 길에 그만 선글라스를 잃어버리셨다고 한다. 이 코스부터 선글라스 없이 맨눈으로 가다간 시력이 정말 어떻게 될지 모른다. 게다가 시각장애인 선수의 '눈' 역할을 하는 도우미가 제대로 앞을 보지 못한다면 상황은 더욱 나빠질 것이다. 의도한 것은 아니었으나 내가 도움을 받았던 협찬사 중 한 곳에서 선글라스를 하나 더 챙겨줬는데 덕분에 여분이 하나 더 있었고 기꺼이 그것을 빌려드렸다.

일본인 시각장애인과 함께 참가한 기호 형님.
앞이 보이지 않는 사람의 눈이 되어 안내해 줘야 하는 중요한 역할을 하는데,
선글라스를 잃어버려서 큰일이었다.
다행히도 나에게 여분의 선글라스가 하나 더 있었고
가장 눈부신 구간을 지나가기 전에 시력을 보호할 수 있었다.

"정철아 이 선글라스 내가 100만 원에 살게! 농담이 아니라 일본에 놀러 오면 꼭 연락해. 내가 맛있는 일본 스시 왕창 사 줄게!"

일본에서 가정을 차리신 형님께서 농담 반 진담 반으로 이런 말들을 건넸고 자신이 챙겨온 일본 과자와 수프 등 다양한 먹거리를 내게 주신다. 덕분에 내 입도 새로운 음식으로 다채로워졌고 한 사람의 시력을 보호할 수 있었으니 사막 한가운데서 윈윈Win-Win한 것이다.

충분한 시간이 지났다고 생각할 만큼 휴식을 취하였다. 이제는 물만큼이나 소중한 그늘을 벗어나 내 안의 두려움 속으로 전진한다. 그늘에서 1cm만 밖으로 나와도 한 줌 재가 되어 소금으로 변할 것만 같은 환경에서 찢겨 가는 고통을 견뎌내며 우직하게 나아간다.

그리고 백야의 세상이 펼쳐진다. 머릿속까지 새하얘지고 저 멀리 아지랑이 속에서 신기루가 내게 손짓하며 어서 오란다. 이미 시간이 멈춰버린 듯한 세상을 걷고 있기에 몇 시간이나 흘렀는지는 관심 없다. 하늘은 그렇게 나를 빨아들이고 있고 태양은 또다시 웃음만 짓고 있다. CP를 알리는 깃발이 보여도 그것이 실체인지 환영인지 혹은 나를 속이려 하는 것인지 모르겠다. 이 몽환적인 구간을 어떻게든 빨리 벗어나고 싶었고 CP3에서는 물만 공급받은 채 도망쳐 나왔다. 조금 전 구간이 길었던 만큼 남은 캠프지까지의 거리는 상대적으로 짧다. 선수들에게 애증과도 같은 마지막 Half-Way를 지나자 관광객들이 화산 온천에서 다이빙을 즐기고 있었다. 그 광경은 꽤 충격적이었다.

누군가는 이 거칠고 광활한 자연에 감히 도전하여 끙끙거리며 티끌처럼 작은 존재로 하루하루를 버티고 살아남기가 바쁜데 이들은 같은 공간에서, 같은 대상지를 놀이로써 즐기고 있는 것이 아닌가? 나는 여기서 아등바등하고 있고 그들은 지프로 이동한다. 가이드가 준비한 음식을 먹으면서 웃음 가득 여행을 즐기고 있었다. 나는 말로 표현하기 힘든 괴리감을 느꼈다. 이들은 해괴망측한 복장을 한 나를 보면서 무슨 생각을 했을까? 저들은 칠레 북서부에 있는 아타카마라는 사막을 어떻게 주위 사람들에게 표현할까? 즐거운 곳일까, 아니면 멋진 곳일까. 그것도 아니면 그냥 더운 곳일까?

많은 생각을 하다가 다시 이성적으로 정신을 차리고 혹시나 이들에게 콜라가 있지 않을까 해서 여기저기 구걸하듯이 "Please Coke"를 외쳐댔지만, 물밖에 없다며 안타깝게 나를 쳐다본다. 이런 내가 신기한지 사진을 찍는 관광객도 있다. 괜한 기대를 한 나 자신을 탓하며 다시 캠프지로 발걸음을 돌린다. 그렇게 또다시 웃음 짓던 태양이, 먼지 속에서 펄럭이는 깃발 사이로 나에게 붉은 키스를 작별 인사로 남기며 사라지고 있었다.

Stage 5 - 황혼의 사막

The Long March
74.8km

사막의 24시간 사이클이 점점 익숙해진다. 다음 날 대회를 치르려고 일찍 잠자리에 눕기 바쁘다. 건조한 상태에서 먼지와 모래가 날리다 보니 목은 잠기기 십상이고 새벽에는 코에 딱지가 붙어 잠을 설칠 수밖에 없다. 아침에는 누군가가 일어나서 움직여야지만 깨어났고, 그러고도 한참을 침낭에 들어가 있다가 뒤늦게 움직였다. 이 세상 모든 사람들과 동떨어져 있는 잠자리에서도, 우리는 또 그 안에 익숙함을 찾아간다.

대회의 하이라이트인 롱데이가 찾아왔다. 특별함 속에서 익숙함, 그리고 또 다른 특별함이 찾아온 날이다. 사실상 오늘 이날만 넘기면 대회는 끝난 것이나 마찬가지다. Camp에서의 출발부터 아름다운 전경이 펼쳐진다. 사막이라는 곳에 있는 것도 벅차오르는데 일출과 동시에 소금호수 위를 건너게 되었고 곧이어 그것은 거대한 유리에 비친 구름 위로 뛰

대회의 하이라이트인 롱데이 아침,
참가자들이 메디컬 텐트에서 발에 난 상처와 아픈 부위를 치료받고 있다.

는 기분이었다. 내 머리 위에 있는 모든 것이 발아래에도 있다. 하지만 이런 감상은 편안하게 지프 위에서 여행할 때의 이야기고. 지금은 찢어진 상처와 물집 사이로 소금물이 스며들어와 발을 완벽하게 절여준다. 그리고 소금물에 젖은 신발이 햇빛과 만나면서 그대로 굳어버린다.

그 와중에도 이미 후미 그룹으로 전락한 나는 사진이라도 잘 남겨보려고 셀카부터 시작해 다시 보지 못할 풍경을 배경으로 찍고 다른 참가자들에게도 사진을 부탁한다. 소금호수에서 빠져나와 굳어져 가는 신발을 어떻게 해보려고 CP2에서 소금에 절인 상처를 물로 씻고 치료를 한 뒤 신발을 신는다. 그러나 이미 부을 만큼 퉁퉁 부은 발에는 기능을 상실하고 스키 부츠가 되어버린 신발이 더 이상 들어가지 않

대회의 하이라이트답게 이날은 시작하는 스케일이 남달랐다.
세상을 거울처럼 비추고 있는 아름답고 잔잔한 소금호수를
우승 후보 선수가 첫발을 담그면 우리는 새로운 세상을 향하는 것만 같았다.
하지만 이내 소금물이 찢어진 상처로 들어와 그 고통을 이겨내야만 했다.

는다. 저절로 신발 양옆이 터진 친구도 있다. 이때 나도 칼로 신발을 과감히 도려내던지, 무슨 수를 썼어야 했는데 그것이 뭐가 아까운지 억지로 신고 출발을 한다.

나름 이전 코스들보다 편한 길을 지나 CP3에 도착하는데 믿을 수 없는 광경이 나타난다. 참가자들의 손에 환타가 있는 게 아닌가. 이런 깜짝 이벤트를 해주다니 마치 물에 빠진 사람을 보고 구할 수 있는데 일부로 놔줬다가 숨이 넘어가기 직전에 건져 올려준 느낌이다. 이런 건 아끼고 음미하면서 마실 것이 아니라, 한 방에 목이 구멍 날 정도로 벌컥벌컥 들이켜야 한다. 영국인과 독일 누나들은 "Fanta is better than sex."를 외치며 유쾌하게 웃고 떠든다. 대회 기간 내내 스파이더맨 복장을 한 채 뛰어온 일본 레슬링 선수도 좋아 죽으며 춤을 춘다. 이렇게 사막에서 환타 캔 하나가 어른들을 춤 추게 하고 신 나게 만든다. 순식간에 눈앞에서 증발해 버린 환타에 아쉬움이 남지만, 재충전한 기분으로 힘차게 발걸음을 옮긴다.

예상치 못한 환타를 선물 받은 스파이더맨은
한번에 원샷하고 감격스러워하고 있다.
어른도 할아버지도 할 것 없이
모두 다 탄산음료를 보고선 아이처럼 기뻐했다.

보통 이렇게 노을 지는 것을 보면서 하루의 스테이지를 마무리하지만,
이날은 노을이 지고 사막의 별을 보고 다음 날 아침 해가 뜰 때까지
앞을 보고 가야 한다.
어두워지기 전에 배낭에서 헤드 랜턴과 표식을 위한 빨간 깜빡이 등불을 꺼내
배낭에 매달고 다시 앞을 향해 나아간다.

강력계 형사로 계시는 전환이 형이 말린 장어라고 주는데 지영 누나에게는 뱀이라고 속이며 제법 장난도 쳤다. 세상이 노랗게 물들어 가고 있었고 곧 있으면 날이 저문다는 신호이기에 CP3의 Half-way부터는 헤드 랜턴과 배낭에 메달 비상 깜빡이를 준비했다. 여기서부터는 야광 불이 놓여 있다. 금방 날은 어두워졌고 이제부터 시작이라지만, 오히려 뜨거운 해는 피했으니 한결 몸이 가벼워진다.

저 멀리 빨간 깜빡이들이 몰려있는 곳이 CP4일 거라 기대했지만, 역시나 그렇게 쉽게 나타날 리가 없다. 예상했던 지점에 도착하니 갑자기 야광봉이 하늘을 향해 솟구치는 놀라운 현상이 나타났다. 엄청나게 큰 사구dune가 앞에 있거나 내가 피곤해서 환영을 보고 있거나 둘 중 하나다. 발을 디딘다. 경사가 져 있다. 갈수록 경사는 심해진다. 그 뒤로 끊임없는 오르막이 이어지는데 발이 아팠던 나는 오히려 허벅지 근육을 써가며 오를 수 있어서 편했고 속도도 더 낼 수 있었다. 적절하게 시원한 바람까지 불어주니 이보다 더 좋을 순 없다. 오랜만에 입가에 미소가 절로 난다. 오르막을 오르는 것이 이렇게 행복한 것이었다니! 거대한 사구를 가벼운 몸과 마음으로 올랐더니 앞서 까마득하게 보였던 빨간 불 무리가 가까이 보인다. 그리고 올라온 만큼 한참을 내려가니 CP4가 모습을 드러냈다.

21:00PM 지금 밥을 먹어야 딱 맞지만, 뜨거운 물은 CP5에서만 제공된다. 각자 행동식을 꺼내 먹는데 지영 누나에게서 스팸이 나온다. 대회 막바지에 아직까지 이런 아이템이 나오다니, 누나의 마법 같은 배낭이 놀랍기만 하다. 그러고 보니 내가 구역질을 시작한 이후 지영 누나의 쌀국수, 선식, 수프 등이 없었으면 나의 식사가 어떻게 되었을까? 정신없이 먹다 모래에 떨어뜨린 햄을 물에 대충 씻어 다시 입에 집어넣고 일어선다. 전환이 형, 지영 누나 순으로 내가 뒤에서 따라가다시피 하면서 낮보다 훨씬 빠르게 속도를 낸다. 이 속도만 유지한다면 생각보다 빠르게 Finish-Line을 통과할 수 있을 것 같다.

그렇게 한참을 가다가 갑자기 앞의 두 사람의 불빛이 사라진다. 한참을 가도 띄엄띄엄 나 있는 형광 표시등뿐이다. 볼일을 보거나 쉬거나 둘 중 하나겠지 생각하면서 기다리는 동안 수많은 생각을 했다. 원래 누구한테 의지하는 성격도 아닌 데다, 몸이 망가진 이후부터 나도 모르게 누군가의 뒤를 쫓아가기 바빴던 것 같다. 여기서부턴 다시 처음처럼 나 혼자 가리라 단호하게 마음먹고 지영 누나와 전환이 형을 먼저 보내드린다.

이날 사막의 밤은 생각보다 시원했다.
여태껏 뜨겁게 달구었던 몸을 이날 새벽에 식히는 기분이었다.
어둠만이 존재하는 광막한 우주 공간에서 혼자 걷고 있는 것 같았다.

이제부터는 암흑의 공간에서 혼자 가야 한다. 아무것도 보이지 않는 칠흑 같은 어둠에서 위치조차 알 수 없는 칠레 아타카마 사막의 어느 한 지점. 달과 가장 흡사하다는 아타카마의 밤을 수많은 별 아래에서 춤추는 형광빛과 함께 호흡하고 있자니 우주 속, 그러니까 화성과 같은 다른 행성에서 홀로 걷고 있는 것만 같다. 단언컨대 지금 이 순간 불어오는 바람은 내 생애 최고로 시원한 것이었다. 인간 최초로 달을 걸어본 닐 암스트롱의 감동을 5% 정도 느낄 수 있었을까? 이러한 상상에 빠져 엄청난 공간에서 완전한 자유를 누비고 있을 때 유럽 언니들 3명이 어느새 나를 제치고 간다. 계속해서 몽환적인 불빛을 따라 밤에 취해 가다 보니 배고픔을 참아가며 손꼽아 기다렸던 CP5가 나온다. 막 식사를 끝낸 동환이가 반겨주면서 날 위해 코코아 한 잔을 건네주는데 그것을 미처 보지 못하고 바지에 쏟아버린다. 지금 당장 뜨거운 것보다 젖은 바지 때문에 나중에 추울까 봐 걱정이다.

나 역시 식사로 따듯한 수프를 먹은 후에 선택의 기로에 섰다. 여기에서 잠깐 눈을 붙이고 갈 것이냐 아니면 진경이가 자원봉사자로 있는 CP6까지 간 후에 잠을 잘 것이냐. 지영 누나는 무조건 CP6까지 가겠다는데 나도 마음 같아서는 그러고 싶지만 이미 신발을 벗은 상태다. 발의 상처와 부어오른 발 때문에 대회 기간 중 신발을 신고 벗는 것이 가장 힘들었던 나는 미안하지만 지영 누나를 혼자 보내고 천막 안으로 들어간다. 먼저 들어가 잠을 자는 동환이가 나중에 깨어나서도 나를 알아볼 수 있도록 옆자리로 가서 얼굴을 꼭 마주 보고 눕는다. 참가자들이 새벽에 잠깐 눈을 붙이고 갈 것을 대비해 주최 측에서 만들어 놓은 이곳 간이 천막 안의 상황은 그야말로 전쟁터의 패잔병들을 모아 놓은 것 같았다. 신음하며 악몽을 꾸는 사람들부터 공포에 떨며 몸을 부르르

떨고 있는 참가자도 있었다.

05:30AM 스위퍼가 깨웠을 땐, 천막 안에는 나와 동환이뿐이었다. 맞은편 천막에서는 카를로스 할아버지의 멋진 목소리만이 들린다. 이제 다시 가야만 한다. 가장 힘든 순간이다. 작아진 신발이 너무나 싫었다. 칼로 잘라냈어야 했는데 그러지 못했다. 지금 상황에서 더 이상 신지도 못할 신발을 아껴서 무얼 하려고 그랬는지 모르겠다. 이제 진짜 마지막이라 생각하고 신발을 신는 데만 10분이 걸렸다. 마지막 남은 진통제 2알을 털어 넣었다. 오늘만 벌써 10알째다. 기어가다시피 움직이는 발걸음에 50%는 스틱에 의지하며 나간다. 사막에서 맞이하는 여명, 그것은 한없이 평화롭고 고요하고 시원했다.

앞에는 카를로스 할아버지가 자신이 살아온 인생을 걸어가듯 유유자적 걷고 있었다. 빠르거나 힘차진 않지만 부드럽고 꾸준하게 이 사막의 모래 한 톨, 한 톨을 다 포용하겠다는 듯이 나아간다. 이 조용한 아침을 깬 첫소리는 CP6에서 나와 동환이를 기다리고 있던 진경이의 앙칼진 목소리였다. 진경이는 급하게 아침을 먹고 있었고 의사가 나의 걸음걸이를 보며 괜찮은지 보자고 하는데 다시 신발을 벗는 것이 스테이지를 하나 더 추가시키는 것보다 싫어서 몸서리치며 거부했다. 그러자 자신이 의료진의 팀장이니까 경기가 끝난 후 꼭 치료해주겠다며 자신에게 오라고 당부한다.

이제 정말 얼마 남지 않았다. 해가 중천에 뜨기 전에 최

브라질에서 온 시각장애인과 그의 보조를 해주면서
함께 뛰고 있는 동료가 새벽에 들어오는 모습이다.
보이지 않는 시각장애인이 이런 극한에 도전하는 것도 대단한 일이지만
그의 손발과 눈이 되어 그를 이끌어줘야 하는 보조자의 역할이 훨씬 더 위대해 보인다.
더군다나 이들은 웬만한 개인 참가자들보다 훨씬 우수한 성적으로
매 스테이지를 완주하여서 모두의 이목을 끌었다.

대한 들어가고 싶다. 동환이는 지금 새벽과 아침으로 넘어가는 지금의 이곳이 매우 좋다며 혼자만의 생각할 시간을 가지고 싶다고 먼저 떠난다. 마지막 남은 자원 봉사자들과 스위퍼들이 야광봉과 깃발을 제거하고 뒤에서 따라온다. 다 같이 걸으며 나에게 이런저런 말을 붙인다.

주최 측인 Racing the planet의 단골 자원봉사자인 돌핀은 이번 대회를 포함하여 자원봉사만 네 번째라고 한다. 고향이 이집트인데 자기 나라의 사하라 사막에서 이러한 대회가 열리는 것을 보고 처음 참가한 것이 계기가 되어 매년 꾸준히 자원봉사자로 참가하고 있다고 한다. 이 친구도 나와 같은 전공이었다. 이집트는 피라미드라는 인류 역사상 가장 위대한 유산 중 하나를 갖고 있는 것만으로도 매년 엄청난 관광 수익을 내고 있다며 대화를 이어나갔다.

그렇게 잠시 고통을 잊으며 이야기하다 보니 여기가 그 유명한 달의 계곡인지도 모른 채 지나가고 있었다. 그냥 모든 것이 신비로울 따름이다. 아침에 산책하러 나온 자원봉사자들을 보니 이제 진짜 다 오긴 했나 보다. 저 멀리 녹색으로 둘러진 마을이 보였다. 내일은 저 길로 들어서겠지. 그리고 거기엔 분명 시원한 물과 콜라 그리고 편히 쉴 수 있는 곳도 있겠지. 그렇게 나는 롱데이의 마지막 주자로 결승선을 통과했다. 여기엔 하루 전에, 오늘 새벽에, 나처럼 조금 전에 들어온 선수도 있을 것이다. 그 모두가 하던 일을 멈추고 나를 반겨준다. 그리고 뜨거운 포옹과 박수가 이어진다. 대회라는

영겁의 시간을 지나 다음 날 오전 최후미로 들어오는 모습이다.
모두 나와서 응원해주고 환영해주고 있다.
이것이 이 대회의 또 다른 매력이 아닐까 생각한다.

것은 본래 1등을 위한 것이고 실력을 증명하려고 만들어진 자리다. 그런데 이 대회는 50등이든 100등이든 꼴찌에게도 1등과 다름없는 대우와 응원을 해준다. 이게 바로 사막 마라톤 대회의 매력이다. 도전을 한다는 것 그리고 끝까지 포기하지 않고 가려는 의지를 모두가 공감해서일까? 모두 텐트에서 나와 내 짐을 거들어 주었고 나는 찬물에 발을 담그기 위해 양말을 벗었다. 그때 나를 포함해 모두가 너무 놀라서 말을 잇지 못하였다. 태어나서 처음 보는 발이었다. 그동안 양말 안에 가려진 채 단순히 아픔만 견뎌냈는데 가려진 발은 생각했던 것 이상으로 고통받고 있었던 것이다. 발톱 사이사이에 피 물집이 잡혀 있었고 발톱은 전부 들려 있었다. 사람들은 이러한 발 사진을 마구 찍어간다. '내 발이 참, 참 예쁜 편이었는데 이렇게까지 망가질 수 있구나'라는 생각이 들었다. 근데 이 못생긴 발이 참 자랑스럽다. 평소였으면 이렇게 못생긴 발이 부끄럽고 싫었을 텐데 지금은 괜스레 멋져 보인다.

마지막 스테이지에서 의사 말대로 메디컬 텐트에 치료를 받으러 갔더니 발 상태를 본 의사들도 놀라서 몰려든다. 치료는 전혀 대단할 것 없는 아날로그 방식으로 발톱에 주사기로 구멍을 뚫어서 안에 난 물집을 하나하나씩 짜낸다. 8개의 발톱이 빠질 것이라 하고 나머지 찢어지고 감염된 상처들을 치료해주며 항생제를 처방받고 나왔다.

롱데이를 끝내고 신발을 벗자 모두가 놀랐다.
발톱은 전부 들려있었고 피 물집과 함께 감염되어
항생제를 처방받아야 하는 곳도 있었다.
발이 매우 못생겨졌지만, 한편으론 뿌듯하기도 했다.

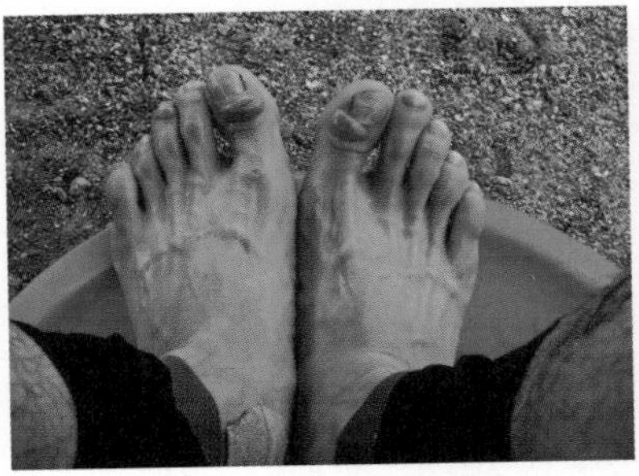

같은 텐트를 써온 영국인 스티브 아저씨도 발에 물집이 많이 잡히고 상처가 나서 치료를 하러 왔다가 내 발을 보고선 자신의 발은 너무 깨끗한 것 같다며 부끄럽다고, 진심으로 나를 위로해준다. 자신의 진심을 다 표현하지 못했는지 뭐라도 도와주고 싶은 생각에 다 터져 버린 나의 입술을 보고선 자신에게 좋은 치료제가 있다며 직접 내 입술에 발라주신다. 그 이후로 나를 볼 때마다 입술에 크림을 발라준다. 치료 후 텐트에 들어가니 그동안 동고동락했던 영국인 누나도, 캐나다 누나도 전부 격렬히 포옹해주며 외국인 특유의 감정 표현과 함께 나를 보고 슈퍼맨이라 부르는데, 나에겐 그녀들이 진짜 원더우먼이다.

오늘은 종일 쉴 수 있다. 그동안 선두권만 누렸었던 낮잠과 자기 정비 등을 맘껏 누릴 것이다. 내일은 이 모든 것을 견뎌온 보상의 날이다. 마을로 들어서는 그 기분은 과연 어떨까? 정말로 내가 해낸 것인가? 얼마나 많은 사람이 환영해주고 있을 것이며 또 얼마나 많은 사람들이 우리의 존재조차 모르고 지내고 있을까? 그 모든 것은 바로 내일 알 수 있다.

Stage 6 - 달콤한 모래

Final Footsteps to San Pedro 8km

마지막 아침이 밝아왔다. 푹 쉬면서 정말 여유라는 것을 느껴보았다. 주최 측의 회의 끝에 마을까지 가는 최종거리는 8km로 측정되었다. 보통 사하라사막 같은 다른 대회에서 마지막 날은 차를 타고 이동하여 마을 근처까지 간 다음 2km 정도만 퍼레이드 형식으로 달렸다던데 이번에는 마지막 스테이지도 기록에 반영한다고 한다. 나는 도저히 신발을 신을 수 없어서 짧은 거리인 만큼 슬리퍼로 대체하여 신었지만, 이것마저 불편하여 그냥 양말만 신은 채 걷기로 하고 신발은 배낭에 매달았다. UNCCD와 관련하여 사막화 방지와 황사 피해의 심각성을 알리기 위한 퍼포먼스로 UNCCD의 로고를 손수 그려 넣은 방진 마스크도 착용한다.

믿기지 않지만, 어떻게 이 시간들이 흘렀는지 기억이 희미하다. 여태껏 100번은 포기하고 싶었고 101번을 '다시 일어나서 가야지'라고 마음먹었다. 마을의 가장자리로 들어서니 조금씩 사람이 살고 있는 흔적들이 보인다. 이제는 마을

롱데이 이후 사실상 대회가 끝난 것이나 다름없기에
편안하게 쉬면서 여유를 가질 수 있다.
마을로 돌아가면 무엇을 먼저 할지,
한국으로 돌아가면 무엇을 먼저 먹을지,
앞으로의 여행은 어떨지에 대한 이야기를 하면서 말이다.

사람들이 하나둘씩 보이기 시작하고 그들이 나를 신기한 눈으로 쳐다본다.

이번 대회에서 한국인 중 가장 좋은 성적을 낸 혜창이가 이미 결승선을 통과한 후 마중 나왔다. 이제 약 500m만 더 가면 된다고 응원해 준다. 저 멀리서 북소리가 들려온다. 거리는 점점 관광객들과 마을 주민들로 북적거렸고 그들이 함께 응원해주고 있다. 아, 이제 끝이구나 생각할 때에 2013 ATACAMA CROSSING의 노랑 깃발이 시야에 들어온다. 꼬리를 흔들며 동네 개들까지 반겨주고 점점 커지는 환호성에 북소리, 박수 소리, 카메라 셔터 소리까지 더해져 화음을 맞추고 있다. 너무 빠르지도 너무 느리지도 않게 이 분위기를 만끽하며 최종 결승선을 통과한다. 이내 완주 메달과 함께 포옹이 이어진다.

여성 참가자 중 1위인 영국인이 결승선을 통과하면서
부모님 품에 안겨 감격스러워 하고 있다.
이외에도 죽은 친구를 위해 달린 3명의 일본팀,
시각장애를 극복하고 완주해 낸 참가자,
그리고 자신과의 싸움에서 이겨낸 기타 많은 참가자들이
잊지 못할 감동의 눈물을 흘렸다.

그곳은 이미 축제 분위기가 한창이었다. 연주하는 길거리 악사들과 살사춤이 라틴 냄새를 물씬 풍기고 있었다. 나도 춤이 절로 나온다. 이때의 감동을 어찌 나의 짧은 문장력으로 표현할 수 있겠는가. 뒤쪽으로는 피자와 콜라 그리고 포도와 오렌지 등을 포함한 각종 과일이 준비되어 있었고 마음껏 즐겼다. 마지막 주자가 들어올 때까지 모두가 자리를 지켰고 그 뒤 단체 사진이 이루어졌다. 이때 꾸미지 않은 순수한 본연의 기쁨으로 웃으며 다 같이 나온 사진 한 장이 굉장히 맘에 든다. 평생 가슴속에 간직하리라. 내가 흘린 땀과 노력 그리고 정열적인 라틴 아메리카를!

결승선에서 한국인 참가자들과의 단체 사진이다.
20대부터 60대까지 다양한 나이와 이력을 가진 우리는
이번 대회에서 불굴의 의지를 보이며 모두가 완주해냈다.
20대 1위와 60대 부분 1위 그리고 세계 최초 2회 그랜드슬램 등
각자의 목표들을 이루어냈다.
나는 무사히 완주한 끝에 1km당 $5씩 총 $1,250를 UNCCD에 기부할 수 있게 되었다.

아타카마 사막 마라톤 TIP

○ 사막 마라톤 준비 비용

참가비 2013년 기준 $3,500, 현재는 $3,600 ~ $3,700로 유동적임.

참가 시기 아타카마의 경우 2013년까지만 해도 매년 3월에 개최되었지만, 현재는 10월에 시작하고 있음.

(홈페이지 : www.racingtheplanet.com / www.4deserts.com)

○ 장비

동일한 장비라면 가벼울수록 좋다. 수많은 장비들이 있지만, 사막의 일교차로 인한 구스다운, 매트리스, 침낭 등은 가벼우면서도 보온성이 높아야 한다. 또한 2치수 정도 큰 신발은 필수다(필자는 이 부분 때문에 고생했다).

○ 식량

식사 1(일반식) 여기서 일반식이라고 하더라도 대부분은 (뜨거운) 물만 부으면 완성되는 건조 식량을 말한다. 계속 같은 것만 먹으면 질리고 목에 잘 안 넘어갈 수도 있어서 쌀국수, 뽀글이 라면, 미소된장국 등을 챙겨오면 당일 빠져나간 염분도 보충하면서 훌륭한 식사가 될 수 있다. 이러한 형태의 식단은 완주에 목표가 있는 참가자들이 준비하며 든든하게 배를 채울 수 있고 다양한 종류의 식단을 구비할 수 있지만 무겁다는 단점이 있다.

식사 2(분말식) 대부분 파우더로 된 식단이다. 식사 대용으로 보면 되는데 여기에 하루 권장량의 칼로리 및 탄수화물 그리고 단백질 등이 모두 들어 있어서 자신이 소비한 에너지를 잘 고려해서 물에 타 먹는다. 20끼가 넘는 식사를 이걸로 해결해야 하기에 모든 일정을 분말식으로 준비해온 참가자들은 3일 차쯤 되면 점점 질리기 시작하면서 헛구역질까지 한다. 하지만 일반식보다 훨씬 가볍다는 장점이 있기 때문에 순위권을 노리는 대부분의 선수들이 이 식단을 택한다.

간식 한편으로는 식사보다 더 중요한 것이 레이스 중간마다 먹어주는 간식이다. 식사만으로는 부족한 에너지를 레이스 도중 바로 보충해주기 때문에 아주 잘 준비해야 한다. 사막이라는 특수성 때문에 고체 형태보다는 액체 형태를 택하는 것이 목 넘김에 좋다. 일반적으로 젤의 경우 미국의 Power Bar에서 나오는 에너지 젤이 보편적이고 사탕과 초콜릿보다는 젤리가 훨씬 더 맛있고 부드럽다. 견과류는 생각보다 손이 많이 가지 않고 육포는 1~2봉지 정도 챙겨 가는 것을 강력하게 추천한다. 가루 형태로 된 포카리스웨트가 있는데 미지근한 물만 마시다가 포카리를 탄 물병을 들었을 땐, 잠시나마 시원한 그리스의 산토리니를 볼 수도 있다.

여행

아타카마 사막의 오아시스 마을인 산 페드로 데 아타카마는 볼리비아의 국경 근처에 있다. 나는 반대의 경우이긴 했지만, 대부분 남미의 대표적인 여행지라고 한다면 볼리비아의 우유니 사막을 많이 떠올리고 그곳으로 가기 위해서는 모두들 이 산 페드로 데 아타카마에서 국경을 갈아탄다(물론 칠레에서 우유니 사막으로 갈 경우 말이다).

이 마을에서 매일 이른 오전 미니버스가 출발하고 하루 만에 도착할 수 있다. 볼리비아의 경우 남미 국가 중 비자가 필요한 유일한 곳이기에 칠레에서 들어오는 경우라면 산티아고에서 꼭 비자를 미리 받는 것을 추천한다. 비용은 무료다. 황량한 초원 한가운데서 비자 확인 및 출입국 절차가 끝나면 곧바로 국립공원을 지나가야 하기에 무조건 돈을 지급해야 한다(비자를 위한 돈이 아니라, 국립공원 입장료).

참고로 볼리비아의 경우 욕심이 없는 나라라서 그런지 숙박, 환전 등에서 흥정을 하지 않는다.

아타카마 사막 마라톤, 그 이후

축제를 즐겼다. 대지를 즐겼고 바람을 즐겼고 이제는 그렇게 증오하던 태양도 따사로운 햇살로 느껴질 뿐이다. 볼리비아가 바로 옆에 있어서 국경을 넘어 또 다른 사막인 우유니 소금 사막을 1주일간 다녀왔다. 같은 사막이지만 완전히 다른 분위기에서 지프를 빌려 타고 구름 위를 자유롭게 누비고 다녔다. 함께 고생해서 둘도 없는 친구가 되었던 한국 참가자들과 함께 소중한 시간을 보내고 한국에서 다시 만날 것을 기약하며 작별 인사를 했다.

그리고 칠레 산티아고로 돌아가는 깔라마Calama의 터미널에서 너무나 허무하게도 이때의 기쁨을 모조리 도둑맞았었다. 카메라 2대, 렌즈, 노트북, 외장 하드, 메모리카드 등 전자기기를 몽땅 도둑맞고 그동안 찍어왔던 사진, 글, 자료 등이 모두 허공으로 공중 분해되고 말았다. 그것은 한순간이었다. 모든 것을 통째로 가져가 버렸다. 믿을 수 없었다. 아니, 현실을 거부하려고 발악을 했다. 가방이 없어진 걸 알아

차린 직후 믿기지 않아 정신 나간 사람처럼 터미널 안과 경찰서, 동네를 헤집고 돌아다녔다. 허무함과 피곤함이 몰려왔다. 현실을 인정하기 싫어서 잠만 잤지만, 현실을 직시한 후에는 계속해서 악몽에 시달렸고 밥을 제대로 먹을 수 없었다. 먹은 걸 다 토해냈다. 나 자신이 너무 싫었다. 그 소중한 것들을……. 전혀 도움이 되지 않았던 칠레 경찰들……. 그러나 내게 너무나 많은 도움을 줬던 한국인 참가자들도 있었다. 물론 시간이 지나고 나면 괜찮아 질 거로 생각한다. 내가 이 대회를 준비하면서, 참가비를 마련하고자 고생했던 수많은 일이 스쳐 지나간다.

하지만 곧 나는 한 가지 사실을 더 알 수 있었다. 사람을 얻었다는 것. 이럴 때일수록 사람의 소중함을 깨닫는다. 그들과 함께했던 추억들까지도.

제2장

구름

무서웠다. 죽음이 무서웠고 실패할까 봐 두려웠다.
매일 밤 하루도 빠짐없이 산을 향해 기도했다.

-본문 내용 중-

아콩카과
솔로 등정 준비 과정

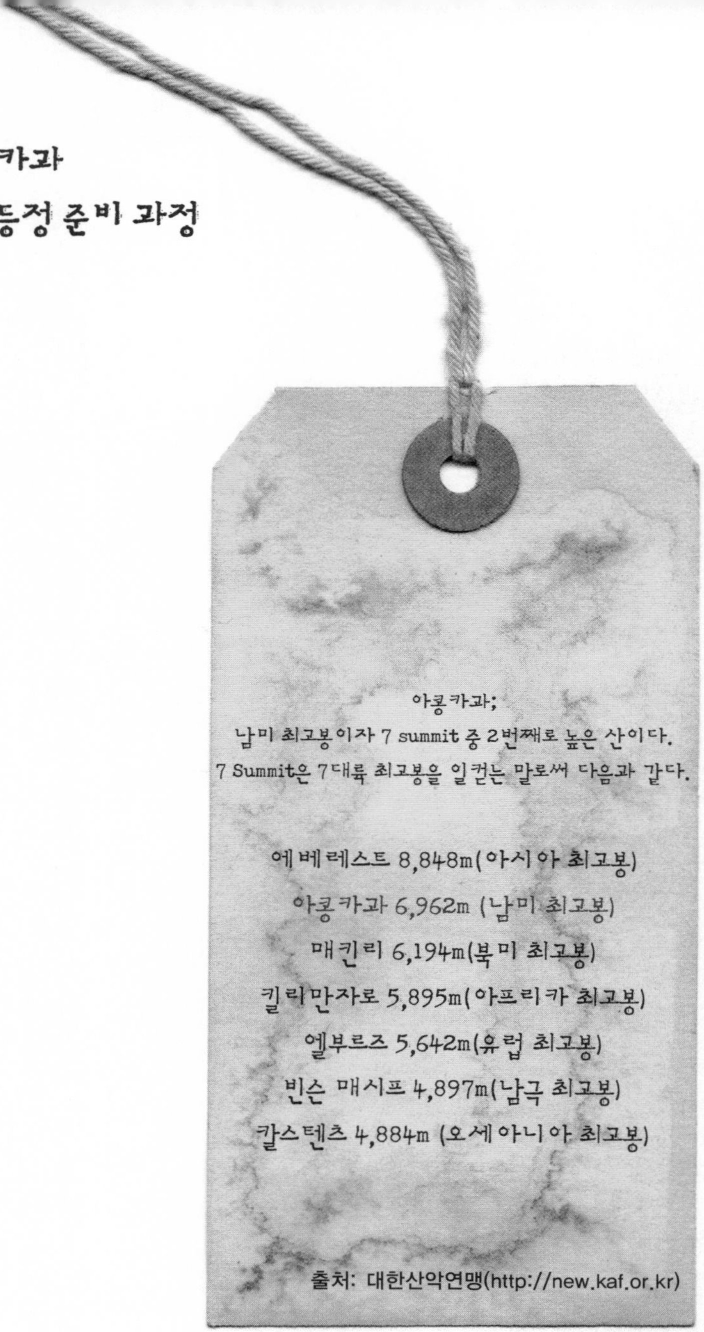

아콩카과는 정상에서 백풍Viento Blanco이 불면 시속 160~200km까지 거침없이 몰아치는 산으로 12월 14일 유서 같은 글 몇 자만 써놓고 홀로 이곳을 향해 떠났다.

사막 마라톤이 끝난 후 거대한 남아메리카 대륙의 북쪽으로 자전거를 들고 올라갔다. 카리브 해 연안과 커피, 마약 그리고 대문호 가브리엘 마르케스로 유명한 콜롬비아로 가기 위해서다. 한국에서부터 작정하고 자전거를 들고 왔고 8개월이라는 시간 동안 콜롬비아에 있으면서 일반 여행자들이 가보지 못한 구석구석을 자유롭게 돌아다녔다.

현재는 축구에 미쳐 있는 나라지만 과거 20년 전만 해도 사이클의 나라였던 콜롬비아. 전 세계 사이클리스트들의 성지인 투르 드 프랑스Tour de France 1위가 나온 나라며, 현재 나이로 퀸타나Nairo Quintana나 우란Uran Uran 같은 선수가 가장 권위 있는 유럽 경기에서 우수한 성적을 보여 주고 있다. 아직도 인종차별이 남아 있는 유럽 전통 경기에서 콜롬비아는 유일하게 월드 클래스 수준을 보여 주는 남미 국가다. 그래서인지 수염을 멋지게 기르신 할아버지들이 주말에 낡은 헬멧에 녹슨 사이클을 타고 해발고도 4,000m가 넘는 산을 오른다. 자그마한 한국에서만 사이클을 즐겼던 나로선 그 모습이 가히 충격적이었다. 나는 그들을 진심으로 존경한다.

두 바퀴를 통해서 많은 콜롬비아 친구들을 쉽게 사귈 수 있었고 처음에 겪었던 언어적 불편함을 상당히 극복하여 전문 용어를 제외하고 모든 수준에서 스페인 어로 대화하는 데 전혀 지장이 없을 정도가 되었다. 내가 콜롬비아에서 자전거를 탄 거리는 대략 5,000km다. 세계 최고의 커피를 수확하는 곳에서 커피를 마음껏 즐겼고 콜롬비아 여자 친구와 함께 카리브 해 바닷가를 거닐었다. 시골 깡촌에서 술고래들과 술을 마시다가 혼이 빠지도록 취한 적도 있었고, 평원이 탁 트인 한없이 평온한 마을에서 며칠 동안이고 휴식을 취한 적도 있었다. 그렇게 세상과의 소통을 차단하고 가장 자유롭고 행복하게 보내고 있을 때 또 다른 운명이 나에게 다가오고 있었다. 나는 다시 남쪽으로 내려가야 했다.

한국에서 출국 전 극한 마라톤 다음으로 꼭 도전하고 싶었던 것이 있었다. 7 서밋 중 두 번째로 높은 아콩카과 단독 등정이었다. 아콩카과에 오르려고 아르헨티나 멘도사로 갔다. 대회 이후 9개월이 지나 다시 칠레로 내려왔고 산티아고에서 버스를 타고 아르헨티나 국경을 넘어 멘도사로 넘어가는 일정이었다. 그런데 이번에는 칠레 항공사에서 짐을 잃어버려 한바탕 소동이 일어났다. 일주일 동안 꼬박 기다려서야 겨우 짐을 되찾고 멘도사행 버스를 탔다. 시간 및 금전적 비용을 상당히 소비한 셈이다. 본래 아르헨티나에 일찍 도착하여 차분하고 철저하게 계획을 세워서 여유 있게 준비하려고 했다. 하지만 예기치 못한 소동 때문에 피곤함을 달랠 여유도 없이 다음 날 멘도사 버스 터미널로 가야 했다.

멘도사 관광사무소의 내부 모습.
아콩카과에 가려면 이곳에서 반드시 입산 허가증을 받아야 한다.
직원들이 무척 친절하다. 서류 처리를 못 끝내자 자기 일처럼 걱정하면서 있는 힘껏 도와주었다.

아콩카과 입구로 가는 버스비와 출발 차편을 알아보고 멘도사 관광사무소로 가서 아콩카과 입산료에 대해 알아봤다. 작년보다 1,500페소(한화로 15만 원 이상) 오른 입산료에 한숨이 나온다. 공원 입장료는 내국인, 타 라틴국가 그리고 제3 외국인 이렇게 3종류로 차등 부과되고 그 차이는 꽤 크다. 그렇다고 이 돈 때문에 내가 꿈꿔오던 걸 포기할 수 없지 않는가?

관광국 직원들이 물라 대행사를 쓰면 1,000페소 정도 절감이 된다고 내게 알려준다. 어차피 물라 가격도 그 정도에 돈을 지불해야 하니 짐이 워낙 많은 나로선 베이스캠프까지만이라도 물라를 이용해 도움을 받을 수밖에 없었다. 특히나 내일이면 최성수기가 되어서 입장료가 또다시 1,500페소 정도나 더 비싸지기에 선택의 여지가 없었다. 서둘러야 했다. 얼른 가까운 물라 대행사 몇 군데를 돌아다니며 가격 비교를 해보았는데 대부분 가격이 같았다. 다들 달러로 돈을 불렀지만, 아르헨티나에서 달러를 암 환전 하지 않고 쓰면 손해가 막심하기에 나는 페소로 돈을 지불 할 것이라고 말한다. 입장료가 예상치 못하게 너무 오른 탓에 하산 후 머무를 비용도 없을 만큼 돈이 간당간당한 나로서는 필요한 장비의 렌탈 비용을 알아보는 것도 중요했다. 혹시나 장비 대여에서 돈이 막힐 것을 대비해 입장료와 물라 대행사의 지불을 나중으로 미루고 장비 대여점으로 먼저 들어갔다.

주위에 스키장이 있기 때문인지 장비를 파는 곳은 많았다. 그러나 아콩카과 등정에 정말로 필요한, 제대로 된 전문 장비를 갖추고 있거나 대여하는 곳은 없었다. 겨우겨우 힘겹게 한군데를 찾았지만, 가격도 터무니없이 비쌌다. 더군다나 장비를 빌리는 데 무조건 신용카드를 맡겨야 한다. 난 신용카드가 없는데 혹시 비자가 적힌 카드면 되느냐고 했더니 봐야지 알 수 있다고 설명하며 'VISA Debit'이면 안 된다고 딱 잘라 말한다. 상황이 급한 나는 가진 노트북이며, 여권이며 모든 걸 다 맡기겠다고 부탁을 해도 신용카드가 아니면 절대로 빌려주지 않는다고 한다.

어차피 이곳에서 빌릴 것도 아니었지만, 이곳이 이렇게 나오면 다른 곳도 비슷할 거라는 불안감이 급습했다. 오면서 봐왔던 다른 대여점을 들어가 본다. 분명 오전엔 문이 열려 있었는데 문이 닫혀 있다. 점심시간을 보니 13~17시까지 점심시간이고 다시 17~21시까지 영업한다고 한다.

이렇게 어이없는 점심시간은 처음 본다. 그러고 보니 아까부터 거리에 사람들도 없고 가게도 문을 다 닫고 있었다. 그렇다. 직감으로 알았지만, 바로 시에스타Siesta인 것이다. 시에스타란, 스페인 및 라틴국가에서 유래된 것인데 점심을 먹고 난 뒤 두 시간쯤 낮잠을 자고 다시 일과를 시작하는 문화다. 난 이 문화가 이미 많이 없어진 거로 알고 있었고 내가 여행한 남미 국가 중에는 아직 한 번도 시에스타를 하는 곳이 없었다.

문제는 5시에 문을 열면, 내가 허가증을 받아야 하는 사무소는 6시에 문을 닫는데 그렇다면 그사이에 장비도 빌리고 물라 대행사와 계약도 해야 하는데 여기서 가장 가까운 물라 대행사는 5시까지만 영업을 한다. 그렇다고 장비를 빌릴 수 있을지도 모르고, 돈이 모자랄지도 모르는데 무턱대고 물라 대행사와 계약하고 입산 절차를 밟을 수도 없다. 지금 시각은 오후 2시고 장비 대여점은 어떠한 연락처도 없다.

아무것도 할 수 없었던 나는 인적이 없는 길거리에서 마감을 하고 있던 레스토랑에 들어갔다. 허기를 채우기 위해 가장 싼 오늘의 점심 메뉴인 스파게티를 먹고선 다시 길을 나섰다. 아무도 없다. 달러를 사겠다며 나에게 계속해서 영어와 스페인 어를 섞어가며 말을 붙이는 환전상들 외엔 거리가 텅 비어버렸다. 혹시나 싶어 다시 입산 신고 사무소에 가서 상황을 설명했더니 자기들도 난감해 한다. 혹시 오늘 내가 준성수기 기준으로 돈을 내고 성수기 때 입장이 가능하냐고 물어봤지만 안 된다고 한다.

준성수기인 12월 14일까지 입장을 기준으로 그 가격을 적용하는 것이다. 하지만 직원들은 친절했고 나의 상황에 다 같이 고민하며 공감해주었다. 6시까진 있으니까 그 전에 잘 해결해서 나중에 보자고 말해준다. 역시나 거리엔 자그마한 상점 하나 문을 연 곳이 없었고 거리는 너무나 썰렁했다. 아르헨티나에서 코오롱 스포츠와 같이 한국 브랜드를 판매하는 판매점 하나가 열려 있는 것이 보인다. 절대로 저긴 장비를 빌려주거나 하는 대여점이 아닌 것을 알면서도 정말 혹시나 하는 마음에 지나친 곳을 다시 발걸음을 돌려 들어가 본다. 매장은 작았고 깔끔했으나 역시나 새것을 판매하는 대리점이었고 그것도 의류밖에 없다.

"올라Hola……. 혹시 여기서 장비 같은 거 빌릴 수 없겠지?"

"빌릴 수 있어. 뭐가 필요한데?"

하지만 난 여러 대여점에서 아콩카과 등정 장비가 없는 것을 몇 번이나 겪었기에 기대하지 않고 말했다.

"우선 텐트가 제일 필요한데…… 아콩카과에서 써야 하는 거야."

"응 있어!"

"어!? 진짜? 그럼 이중화 부츠(스키 부츠)랑 크램폰 Crampon(빙벽을 오르거나 설산을 오를 때 착용하는 등산 전문 장비로써 이중화 부츠에 착용한다)은?"

"그것도 있어."

난 이 친구가 아무 생각 없이 물건이 뭔지도 모르는데 대답한다고 생각했다.

"그리고 두꺼운 장갑도 필요한데…… 고산용으로 말이야."

"그것도 있어. 나 다 갖고 있어. 야, 기다려봐. 보여줄게."

그러면서 2층으로 날 데리고 올라간다. 침낭들과 이중화, 피켈(등반용 얼음 도끼) 등 이미 많은 사람의 손을 거쳐 간 것 같은 낡은 산악 장비들이 걸려 있는 2층을 보고 나서야 그의 말을 믿을 수 있었다.

"그럼 2인용 텐트, 겨울용 장갑, 이중화, 크램폰 이렇게 해서 20일 빌리는 데 얼마야?"

역시 달러로 가격을 불러준다.

"페소로 하면 얼만데?"
"2,200페소."

내가 인터넷에서 알아본 가격보단 비쌌지만, 지금 암 환전이 많이 좋아져서 아슬하게 돈을 낼 수는 있었다.

"근데…… 나 카고백도 필요한데……"
"그건 내가 서비스로 줄게!"
"오, 진짜 고마워! 그리고 피켈도 꼭 필요할까? 만약 빌린다면 얼말까?"
"음…… 만약 그것도 네가 필요하다면 공짜로 빌려 줄게!"

이제서야 상당히 괜찮은 조건 같았다. 게다가 열려 있는 장비점이라곤 여기가 유일해 보였다. 이제는 신용카드 문제만 해결하면 되었다.

"근데…… 이것들 빌리려면 뭐 있어야 해?"

"신용카드."

여기도 두말할 것 없었다. 다른 방법을 물어보았지만, 이 방법 외엔 빌려줄 수가 없다고 한다.

"그럼 내가 비자카드가 있긴 한데 사실 이게 신용카드인지는 나도 거의 안 써봐서 모르겠어. 내가 지금 호스텔에 가서 가져와 볼 테니까 네가 한번 보고 판단해줘 여긴 문 안 닫지!?"

"응 대신 내가 있을 때만 이런 가격에 해줄 수 있으니까 6시 전까진 와야 해."

그리고선 다시 호스텔로 희망을 품고 뛰어가다시피 다녀왔다. 호스텔까지 꽤 거리가 멀어서 몸이 너무 지쳐 있었고 돈이 없는 데다 호스텔값도 지불 못하고 있던 상태여서 눈치가 보였다. 그러나 그게 급한 게 아니었다. 돌아왔을 때 그 친구는 그대로 있었고 가져온 씨티은행 국제현금 체크카드를 확인해 본다. 사실 이게 신용카드가 아니란 것은 당연히 알고 있었다. 이것은 말 그대로 체크카드다. 하지만 판단은 내가 하는 것이 아니라 이 친구가 하는 것이었고, 나는 운명에 맡겼다.

"야 이건 아무런 문제 없는데? 왜 안 될 것 같다고 한 거야?"

"왜냐하면, 난 그거 진짜 위급 할 때 아니면 사용도 안 하고 신용카드인지도 잘 몰라서 그랬던 거야. 한국에서 떠날 때 급하게 만든 거거든. 문제없다니 다행이네! 그럼 나 장비는 입산 신고 끝내고 와서 빌리러 올 테니까 기다려줘! 나 물라 대행사랑 계약도 해야 해서 지금 시간이 없어. 빨리 가야 해."

"야, 잠시만 물라라고? 내가 물라도 같이 하는데?"

"뭐!? 진짜? 와 그럼 진짜 다행이다. 여기서 한 번에 하면 되겠다!"

점점 아콩카과가 내 가슴 속에서 커져 갔다. 그곳에 가볼 수만 있게 허락해준다면!

"너흰 물라 서비스가 얼만데?"

달러 가격은 다른 대행사와 똑같았지만 페소로 부를 땐 다른 곳보다 이 친구가 훨씬 높게 불렀다.

"음…… 내가 달러가 없어서 페소로 돈을 내야 하는데 사실 내가 알아본 다른 대행사보다 가격이 조금 비싸…… 이것 봐."

내가 이미 사전에 조사하고 가격까지 찍혀 있는 종이를

주자 잠시만 기다려보라며 누군가에게 전화를 건다. 한참 대화가 오가더니 내게 말한다.

"킴, 우리 사장님이랑 연락을 해봤는데 미안하지만 우리는 이 가격에 줄 수가 없을 것 같아. 조금 더 할인은 해줄 수 있는데 저 대행사들이랑 같은 가격은 안 될 거야. 우리도 쟤네들이 이런 가격에 주는지 처음 안 사실이라서…… 잠시 기다려봐."

그러더니 다시 통화를 한다. 그러고 다른 대행사들의 가격표까지 들고 있다며 상황을 설명한다.

"킴, 진짜 미안한데 달러로 지불해 줄 수 없니? 아니면 페소로 그냥 조금만 더 쓴다고 생각하고 해줘. 내가 카고백이랑 피켈도 그냥 주잖아. 그것만 가격 받아도 이익이야. 우리 사장님이 달러로 지불하면 조금 더 많이 깎아 줄 수 있대. 달러 있으면 꼭 달러로 지불해달라고 부탁하셔."

하지만 달러로 지불하면 암달러를 생각했을 때 내가 더 손해였기 때문에 지금은 선택의 길도 없었고 이 친구도 내 마음에 들었기 때문에 이곳에서 모든 것을 해결하기로 결심했다.

"조금만 기다려. 나 은행 가서 돈 뽑아올 게 돈이 모자라."

그러고선 난 바로 근처에 있는 암달러상들에게 가서 갖고 있던 모든 달러를 다 바꾸었다. 다시 뛰어 돌아오자,

"사실대로 말해. 은행에 갔어? 아니면 환전상에 갔어?"

어떻게 알아챘는지, 뜨끔한 나는 아니라고 잡아떼고 앞에 있는 씨티은행에 다녀왔다고 했다. 그 후 이곳에서 장비를 준비하는 동안 물라 서비스를 이용한다는 바우처를 들고 즐거운 마음으로 문 닫기 10분 전에 사무소에 당당히 도착했다.

"Muy bien Kim(정말 대단해 킴)! 그런데 어디 물라 대행사랑 계약한 거야? 바우처를 이거 말고 다른 건 안 줬어?"

"응. 이게 계약한 종이인데, 왜? 뭐, 문제 있어?"

"오, 노! 킴! 이거 말고 걔네들 도장이 필요해. 그리고 인터넷으로도 등록을 해야 하는데 거기서 아무 말 없이 이것만 줬어? 이건 우리가 공식적으로 인정할 수가 없어!"

"뭐야. 그럼, 어떻게 해야 하는 거야!?"

시간이 몇 분 남지 않아 점점 초조해진다. 왜냐하면, 이

것으로 끝이 아니라 돈을 내는 곳이 따로 있는데 돈을 내고 영수증과 함께 다시 돌아와야지 완전히 끝이 나는 것이다. 사무소 직원들은 방금 전 장비대여점의 친구에게 전화를 걸어 상황을 말하고 있었고 나머지 한 명은 나를 컴퓨터 앞에 앉혀놓고 인터넷으로 등록하는 절차를 차근차근 알려주면서 도와주었다. 자판을 두드리면서도 손이 떨리고 있었다. 내가 사기를 당한 것은 아닐까 하면서 불안에 떨고 있었다. 정말로 몇 분 남지 않았다. 전화를 걸었던 여직원이 내게 급하게 말한다.

"지금 당장 거기로 이거 다시 갖고 가서 도장을 받아와! 빨리!"

"알았어!"

다시 대행사에 도착하였다.

"어떻게 된 거야?"

"야 일단 다른 데 가서 도장을 받아 와야 해. 더 큰 사무실이 있는데, 여기 근처에 있던 곳이 문을 닫았어."

위치를 설명해줘도 내가 알 리가 없기 때문에 그 친구와 나는 다시 그 도장이란 걸 받으려고 다른 사무소로 같이 움직였다. 그리고 도착 후 사무소에서 그 친구가 도장을 받는 동안 난 돈을 확인해 봤는데 거짓말같이 10페소가 부족하였다. 머리가 복잡해지기 시작한다. 드디어 도장이 찍힌 서류를 들고 그 친구와 거리로 나왔다. 그 친구는 내게 "우리 시간 없는데 좀 뛸까?"라며 물어본다. 나야말로 원하던 바였다. 그 친구는 운동이라곤 거의 안 할 것 같은 뚱뚱한 체형이라 조금만 뛰었는데도 땀을 뻘뻘 흘리며 숨을 헐떡였다. 그래도 나와 함께 옆에서 열심히 뛰어준다. 이땐 참으로 감동이었다. 조금 전에 의심했던 마음은 싹 사라졌다.

"킴! 시간 없으니까 둘 중에 한 명이 은행에 돈을 내러 가고 한 명은 사무소로 가서 문 안 닫게 막으러 가자."

"좋아. 근데 나 지금 10페소가 모자라 10페소만 빌려줄 수 있어?"

"나도 지금 돈 없는데…… 우리 가게로 먼저 가서 10페소를 챙기고 둘이 찢어져서 행동하자!"

그렇게 다시 가게로 들려 10페소를 챙긴 후 나는 돈을 내기 위해 은행으로 갔고, 그 친구는 멘도사 관광사무소로 이동했다. 발을 동동 굴리며 돈 지불을 마치고 마지막 서류인 지불 영수증을 들고 번개같이 뛰어서 사무소로 도착했다. 도착한 시간을 확인하니 정확히 오후 5:59분이었다. 모두들 영화 미션 임파서블을 찍는 것처럼 초조해 하며 기다려 주었고 결국에는 정말 기나긴 사투 끝에 입산 허가증을 손에 쥘 수

렌탈숍 직원

나와 함께 고군분투한 렌탈숍 직원.
이 친구 역시나 자기가 하지 않아도 될 일을 있는 힘껏 도와주면서
내가 다음 날 아콩카과로 입산할 수 있도록 전력을 다해주었다.

있었다. 멘도사 관광사무소 직원들도 일제히 축하 박수를 보내며 잘 다녀오라고 인사를 건넨다. 나 또한 모두에게 감사함을 전하고 이번엔 진짜 씨티은행에 가서 돈을 뽑은 뒤 그 친구에게 빌린 10페소와 함께 맥주 한 캔을 감사의 마음으로 산다고 했다. 난 맥주를 마셨고 그 친구는 게토레이를 마셨다. 이름조차 묻지 못했던 이 친구는 내게 정말 조심해서 다녀오라고 말하면서 산이 날 받아주지 않는다면 욕심부리지 말고 포기하고 내려오라고 진심으로 충고해 준다.

"Amigo(친구)! 그럼 산에 다녀와서 보자고! 안녕!"

빌린 장비들을 가득 들고 호스텔로 힘겹게 다시 도착했다. 밀린 방값을 지불하고 쉴 틈도 없이 다시 난 식량을 구입하기 위해 대형마트로 향했다. 사실 멘도사 시내는 중간에 대부분 모든 것이 모여 있는데 내가 잡은 호스텔은 정 반대편에 떨어져 있는 곳이었다. 그래도 버스터미널과 가깝다는 장점을 위안 삼고 다시 발걸음을 옮겼다. 이미 해는 저물었고 거리는 어두워지기 시작한다.

멘도사 시내에 딱 하나 있는 대형마트인 까르푸Carrefour에 도착하니 이번엔 또 매장문 닫을 시간이 30분밖에 남지 않았다. 또 지긋지긋한 시간과의 싸움이다. 등반을 할 수 있는 최대 기간은, 그러니까 입산 허가증의 유효기간은 20일이지만 15일에 끝내겠다는 생각을 하고 45끼를 채울 음식들을 생각지 않고 저렴한 순서대로 마구 담았다. 30분 안에 45끼치를 사야 하는 건 사실상 말이 안 되지만, 최대한 머리를 빠르게 돌리면서 앞의 경험들을 살려 열량이 높고 가벼운 것들을 담았다. 저녁도 먹지 못했기 때문에 앞에 보았던 맥도날드에 가서 끼니를 때우려 했으나 장을 본 양이 만만치 않아서 거기까지 걸어가기도 힘에 버거웠다. 도저히 숙소까지는 걸어갈 수 없어서 처음으로 택시를 타고 숙소로 향했다.

도착 후 장을 본 것 중 몇 개를 꺼내어 허기를 대충 채우고선 이번엔 짐 정리에 나섰다. 도착한 호스텔에는 세계 각국에서 온 배낭여행자들이 이미 한바탕 술을 먹고 파산하고 있었다. 전혀 다른 세상으로 가는 나를 쳐다보는 시선들 사이에서, 같은 공간에 있지만 홀로 이질감을 느끼며 아콩카과로 가기 위한 짐들을 정리했다. 세상 모든 피곤함이 나를 짓누르고 있었고 그렇게 14시간가량을 쉴 틈 없이 돌아다니면서 꽉꽉 채운 나의 하루를 샤워로 씻어냈다. 슬리퍼를 신은 나의 발은 거지로 봐도 될 만큼 시꺼멓게 더러워져 있었다. 그리고선 20일 뒤에도 소식이 없다면 대사관에 신고해달라는 무서운 글을 급하게 남기고 새벽 2시가 넘어서 자리에 눕는다. 잠도 3시간 채 자지 못할 것이다. 하지만 이날의 하루를 생생하게 기억한다. 나는 분명히 행복해하며 웃고 있었다.

게스트 하우스에서 모두가 파티를 즐기고 돌아간,
강아지도 잠자리에 든 새벽.
몇 시간 뒤 떠날 준비를 하기 위해서 짐을 챙기고 있다.
하루 24시간을 꽉 채워서 돌아다녔을 정도로 피곤하고 고된 하루였지만, 분명 행복했었다.
대도무문大道無門이라는 말도 있지 않은가.

1일 차

Puente del Inca
(잉카 다리)

Horcones
(공원 입구)

Confluencia
(3,400m,
합류점)

3시간밖에 자지 못한 채 새벽에 일어나 반쯤 뜬 눈으로 남들 3~4배 되는 짐을 질질 끌고 멘도사 버스터미널에 도착했다. 아콩카과 국립공원 입구를 지나가는 여러 대의 버스가 있는데 그중 라디오 모빌Radio Movil이라는 버스 회사가 그나마 저렴해서 45페소를 주고 편도를 끊었다. 딱 보아도 나와 같이 아콩카과에 오를 사람들이 터미널에 하나둘 모였다. 모두가 이삿짐 같은 카고백을 싣고 같은 버스에 올라탔다. 짐을 실어주는 이에게 팁을 주는 문화가 있는 것 같아서 돌아올 차비밖에 없던 나는 아르헨티나 페소로 2페소를 주었더니 5페소를 달라고 대놓고 요구한다.

나는 버스에 올라타자마자 피곤함으로 곯아떨어졌다. 버스는 오전 6시에 출발하였고 4시간 20분이 걸려서야 산 입구에 도착할 수 있었다. 부산에서 사는 나는 서울에 갈 일이 있을 때마다 비용을 아끼기 위해 기차보다는 버스를 타는 편인데 부산에서 서울까지 가는 고속버스가 정확히 4시간 20분이 걸린다. 그러고 보면 우리나라가 정말 작은 나라인 것이 틀림없다. 반쯤 왔을 때 잠이 덜 깬 상태에서 심장이 쿵쾅거리며 갑자기 이런 생각이 들었다.

'내가 이 미친 짓을 지금 왜 하고 있는 거지……?'

등반을 할 때(꼭 등반이 아니라 여행이나 어떤 프로젝트도 마찬가지로) 준비하는 과정이 어찌 보면 가장 힘든 것 같기도 하다. 그렇기에 이번 나의 등반은 실패해도 할 말이 없다. 등반 도중 식량이 모자라더라도 할 말이 없다. 준비를 철저히 해도 모자랄 판국에(해외 원정 같은 경우 보통 1년을 넘게 준비하는데) 나의 준비는 완벽하지 못했다. 나 스스로도 만족하지 못한다. 전날 새벽까지 종일 뛰어다니면서 빠진 것들을 채우고 패킹했지만, 부족한 것들이 분명히 생길 것이다. 산을 오르기도 전에 자그마한 물집이 잡혔다. 산을 마주하기도 전에 나의 몸은 완전히 녹초가 되었다. 아콩카과 여신이 날 받아 주어야 할 텐데 말이다.

나는 공원 입구가 아닌 5km 정도 떨어진 잉카 다리Puente del Inca라는 곳에서 내려 물라 대행사를 찾는다. 그곳에서 베이스캠프로 보낼, 당장은 필요 없는 식량들과 장비들을 보내야 한다.

이곳은 마을도 아니었고 주변에 민가도 보이지 않는다. 황량한 벌판에 버스 정류장만 하나 달랑 있었고 그 옆으로

아콩카과 공원으로 가는 버스에서 내리자마자 보이는 풍경이다.
마을이라고도 할 수 없고 창고로 쓰다 버려진 곳이다.
저곳 중 한 곳에서 물라대행사 직원이 앉아있었다.
아무런 간판이나 안내문조차 없었고
개미 한 마리 보이지 않는 썰렁한 곳이었다.

베이스캠프까지 물라에 실어서 보낼 짐의 무게를 잰다.
회색 카고백 뒤쪽으로 계속해서 메고 갈 빨간 배낭이 보이고
짐의 무게는 각각 23kg씩 측정되었다.

파리 날리는 구멍가게 하나와 손님이 하나도 없는 레스토랑의 문만이 바람에 삐걱거리고 있었다. 물라 대행사라는 곳은 눈을 씻고 찾아봐도 보이지 않았고 홀로 앉아있는 노인에게 물어보았더니 큰 창고 같은 곳을 가리킨다. 그리고 거기엔 2명의 인부가 있었다. 나는 멘도사로부터 받아온 브로셔를 보여주었고 짐이 베이스캠프까지 도착하기 원하는 날짜를 알려주었다. 총 46kg의 짐에서 당나귀를 통해서 보낼 카고백 23kg과 내가 짊어지고 갈 배낭 23kg으로 나누었다. 다

공원 입구에서 입산 등록을 하면
이렇게 번호가 적힌 쓰레기봉투 2장을 준다.
하나는 하산할 때 여태껏 산에서 사용한 쓰레기들을 담아 와야 하는 봉투고
다른 하나는 자신의 배설물들을 담아 와야 하는 봉투다.
이때 쓰레기가 없다거나 신고를 하지 않고 가버리면 상당한 액수의 벌금을 물어야 한다.

공원 입구에는 헬기가 주차되어 있었다.
베이스캠프까지 중요한 물자를 실어 나르거나
응급 상황 시 쓰기 위한 용도인데 입때까지만 해도
이 헬기가 나와 어떤 인연이 있을지 상상조차 하지 못했다.

1시간 정도를 걷자 아콩카과의 전체적인 모습이 나타났다.
너무 멀리 있고 거대해서 보고 있으면서도 그 크기가 가늠되지 않았다.
함께 트레킹 온 부부가 아름다운 산세를 감상하고 있다.

조금 더 깊숙이 가다가 보니 산 위에서 물라에 탄 목동이
두 마리의 물라를 끌고 내려오고 있었다.
왠지 오늘의 목적지가 조금만 더 가면 될 것 같은 느낌이 든다.

행히 공원 입구까지 차를 태워주었고 입구 사무소에서 등반을 시작하겠다는 등록Check-in을 하고 산행에 나선다. 하루만 늦었어도 최고 피크 시즌이 시작되기 때문에 1,500페소나 더 내야 한다. 하마터면 돈이 없어서 등반을 못 할 뻔했다.

등록을 할 때 나의 허가증 번호가 적힌 봉투를 하나 건네주는데 이 봉투에 쓰레기를 담아서 마지막 하산 할 때 꼭 신고해야만 한다. 그렇지 않으면 꽤 큰 벌금을 문다.

가볍게 산책하는 마음으로 출발하였지만, 짐의 무게가 상당하다. 총 46kg에서 내가 지금 지고 있는 무게는 그 절반. 몸 상태가 예전 같지 않았다. 계속해서 피곤하고 짐이 무겁게 느껴진다. 컨디션 조절에 100% 실패했다. 내가 너무 최상의 몸 상태였을 때의 나를 고려한 건가? 공원 입구는 당일치기로 산의 큰 전경을 감상하기 위해 온 몇몇 관광객들이 보였다.

아콩카과에 입장할 수 있는 방법은 3가지가 있다. 하나는 하루 트레킹으로 아콩카과 입구 쪽에서 전체적인 모습만 조망하고 내려가는 것, 둘째는 롱 트레킹이라고 7일짜리가 있는데 아콩카과 베이스캠프인 플라자 데 무라스Plaza de Mulas까지 가는 것. 그리고 마지막으로 나와 같이 정상을 가기 위한 20일짜리 허가서가 있다. 각각의 가격도 엄청나게 차이 나고 특히 외국인들에겐 몇 배로 더 비싸게 받는다. 나는 전망이 제일 잘 보이는 곳에서 아콩카과의 여신에게 처음으로 큰절을 한다. 내가 왔다는 인사를 하기 위해서다.

'제가 감히 혼자서 여기에 왔습니다. 그대가 날 받아주지 않더라도 탓하지 않겠습니다. 저 자신의 부족함으로 깨닫겠습니다. 다만 건강하게, 온전하게만 저를 돌려보내 주세요.'

발걸음을 옮기면서 빙하가 녹아 강이 된 곳을 건너는 다리도 지나고 위에서부터 내려오는 사람들도 만난다. 물라를 타고 내려오는 사람도 보인다. 올라갈수록 날씨가 흐려지기 시작했다. 산행을 시작한 지 3시간밖에 되지 않았는데 전날의 과로 때문인지 '오늘은 그냥 이쯤 했으면 좋겠다'고 마음을 먹었다. 그때 멀리 보이는 코너를 돌자 오늘의 목적지인 콘플루엔시아Confluencia(합류점)가 보였다. 이미 바람이 꽤 불고 있었고 더 추워지기 전에 재빨리 텐트를 치고 안으로 들어갔다. 머리도 조금씩 아프다. 장기간 여행으로 제대로 휴식을 못 취한 탓인가? 확신이 없어진다. 빨리 자야겠다. 22:00 취침.

2일차

Confluencia
(3,400m)

Plaza de
francia
(4,300m, 남벽
베이스캠프,
프란시아 광장)

Confluencia
(3,400m)

08:00 기상. 푹 자고 일어나니 몸이 한결 나아진 것 같다. 밥이라 할 수 없는 빵조각 하나를 입에 넣고 아콩카과 남벽이 있는 플라자 데 프란시아Plaza de francia로 출발한다. 나의 최종 목적지는 북쪽 루트지만, 고소 적응도 해야 하고 과거 세계 3대 거벽으로 불렸던 아콩카과 남벽을 직접 볼 기회기도 해서다. 다른 등반팀들도 이 코스를 꼭 일정에 넣는 추세다. 사무소에서나 메디컬에서도 등반 계획서를 검토하면서 하루 다녀오는 것을 권장한다. 하루에 최소 4ℓ 이상의 물을 마시는 것이 의무인데 물라 대행사에서 호스를 연결해 수도꼭지로 주는 물맛은 영 이상하다. 끓인 물을 요구할 수는 있는데 본래 이것은 풀 패키지Full-Package를 이용하는 프리미엄 서비스 같은 차원이라서 아무것도 아닌 내가 계속 끓인 물만 달라고 하기에도 눈치가 보인다.

어쨌든 수낭이 있지만 연결 호스를 잃어버린 이상 날진 물통 2개에 물을 채워 2ℓ의 물을 들고 비상식량만 넣은 채 길을 나선다. 사전에 조사한 바로는 왕복 7~8시간 정도라고 했는데 내가 그동안 7시간이라는 개념을 잃어버린 것 같다. 보통 일과 업무도 8시간으로 잡는데 나는 너무 가볍게 여기고 바람 쐬러 가듯 출발했다. 처음에는 나보다 조금 일찍 출발했던 앞서간 그룹들을 제치고 갔지만, 다리에 힘이 많이 빠지면서 뒤쳐졌다.

보통 오전에는 날씨가 좋고 오후에는 날씨가 안 좋아지는 것이 정석이지만, 오늘은 오전에도 아콩카과 산의 정상 부위에는 구름이 가득 끼어 있다. 현재 가고 있는 플라자 데 프란시아는 세계 3대 거벽으로 불리는 아콩카과 남벽의 베

콘플루엔시아에서 5분만 걸으면 바로 2갈래 길과 함께 표지판이 나온다.
직진을 해서 계곡을 건너가는 길은 북면 베이스캠프인 플라자 데 무라스 방향이고
오른쪽으로 올라가면 아콩카과 남벽 베이스캠프(플라자 데 프란시아) 가 나온다.
이날은 정찰 겸 고산 적응을 하는 날이므로 내 발걸음은 오른쪽으로 향했다.

놀랍게도 남벽 베이스캠프에는 한 동의 1인용 텐트가 설치되어 있었다.
처음엔 한 동의 텐트밖에 없다는 것에 한 번 놀랐고,
나중엔 한 동의 텐트라도 있다는 것에 두 번 놀랐다.
그만큼 이곳 남벽에 솔로로 도전한다는 것은 위대하고 존경받을 만한 것이다.

이스캠프다. 조금 조금씩 다가와 가는 것 같지만 좀처럼 거리가 좁혀지질 않는다. 길이 끝이 났다고 생각했지만, 남벽의 베이스캠프 모습은 멀리서도 보이지 않았는데, 그도 그럴 것이 콘플루엔시아와 같이 대형 텐트들이 있을 것으로 생각했지만 도착하고 나니 단 1동의 1인용 텐트만이 거대한 자연 앞에서 한없이 초라하게 설치되어 있었다. 아직 이쪽에는 도전하는 이가 아무도 없나 보다. 이해가 가는 것이 남벽을 마주 보자마자 엄청난 크기의 벽 앞에 압도되었고 이걸 어떻게 인간이 올라갈 수 있을까 생각했다. 눈과 빙하가 워낙 많이 덮여 있었고 날씨조차 매서운 데다가 사람조차 없으니 더 무

몇 개의 언덕을 넘자 남벽의 모습이 멀리서 나타난다.
항상 정상 부위가 구름과 안개에 가려져 있어서
제대로 된 모습을 보기가 힘들다.
같이 올라왔던 팀들은 날씨가 안 좋아지자 여기서 돌아간 것 같은데
나는 그 모습을 더 가까이 보고 싶어 끝까지 올라가 보았다.

좀 더 가까이에 다가가서 촬영한 아콩카과 남벽의 모습이다.
광각렌즈인 카메라에 다 담기긴 했지만
수직으로 약 2,500m 이상 달하는 벽의 위압감은 엄청나다.
많은 이들의 목숨을 빼앗아 갔을 이곳을 쳐다보기만 해도 짜릿했다.

섭게 다가왔다. 아침과 마찬가지로 점심도 식사라고 할 수 없는 똑같은 빵조각으로 때웠더니 배가 무섭게 고파지기 시작했다. 시간을 지체하지 않고 곧장 내려왔지만, 이미 지친 나에게 이것만도 만만치 않다.

날씨는 비가 오는 것 같더니 정말로 한 방울씩 떨어지기 시작한다. 아직 반이나 더 남았는데 물도 고갈되어 가고 이거 큰일이다. 올라오면서 지나쳤던 그룹은 일찌감치 중간에서 발길을 돌린 모양이다. 산행할 때, 오르면서 힘을 다 쏟았다면 내려갈 땐 다리가 풀려서 다칠 확률이 굉장히 커진다는 것을 알고 있다. 그래서 내려갈 힘을 30%는 남겨 두어야 맞는 거다. 현재 다리에 힘도 많이 없고 날씨가 날 재촉했지만, 이런 주의사항을 냉정하게 잘 고려하면서 신중하게 내려갔다. 내려가면 아껴둔 신라면을 바로 먹어야지. 산티아고에 한인 마트가 많았기 때문에 미리 5개를 사두었었다. 좀 더 살 걸 그랬지만, 현재 나에게 한국 음식이 있다는 게 어딘가! 오늘은 종일 날씨가 흐리다. 한 번 날씨가 흐려지면 좀처럼 개이지 않는다고 하던데 걱정이다.

내일은 다시 무거운 짐을 모두 지고 오늘보다 훨씬 긴 거리를 올라가야 한다. 족히 10시간은 걸릴 것이다. 그래도 드디어 베이스캠프까지 가는 것이니 기대된다. 베이스캠프까지 도착하면 반은 성공한 것이라고 하지 않았던가. 얼른 그곳에서 마음 편히 휴식을 취하고 싶다.

배고픔을 가득 안고 텐트로 내려오니 외국인 3명이 토를 하고 있다. 고산 적응에 실패한 것이다. 고산병이 일단 시작되면 아무것도 할 수 없고 하기도 싫어진다. 그래서 이 그룹이 중간에 내려간 모양이다. 나는 여기서 1차 메디컬 테스트를 받아야 했다. 저녁을 먹고 휴식을 취한 뒤 갔는데 진찰해주는 아가씨가 참하고 예쁘다. 내일 베이스캠프로 간다고 하니 나에게 행운을 빌어준다. 이곳의 해는 굉장히 늦게 진다. 보통 9시 정도가 되어야 해가 지는데 위로 올라갈수록 저녁 10시가 되어야 이 지긋지긋한 해와 인사할 수 있다. 텐트에 들어가서 잠을 청하려는 순간 산 넘어 붉게 물들고 있는 석양을 한참 동안 넋 놓고 쳐다보다 눕는다. 내일은 오늘보다 더 고된 하루가 되겠지? 22:00 취침.

날씨가 안 좋아지고 빗방울이 내리기 시작하자 급하게 하산하였다.
따듯하게 라면을 하나 끓여 먹고 메디컬 테스트를 받은 뒤
잠자리에 들려는데 세상이 노랗게 물들고 있었다.
깊은 산 속 타국의 산에서 바라보는 노을은 또 다른 멋이 있었다.

3일차

Confluencia
(3,400m)

Plaza de
Mulas
(4,300m, 북면
베이스캠프,
무라스 광장)

06:30 기상. 짐 무게와 컨디션을 고려하여, 8시간이라고 나와 있는 공원 정보보다 2시간을 더 잡아 총 10시간의 카라반을 계획했기에 일찍 출발해야 했다. 10시간의 산행 중 중간에 물을 보급할 수 없기 때문에 출발하기 전부터 물을 양껏 먹어 두고선 2ℓ의 물을 채워서 떠난다. 이날 베이스캠프로 가는 팀 중 내가 가장 늦게 출발하였는데 3시간쯤 지나니 다른 그룹들을 따라잡을 수 있었다. 무게가 아주 무겁더라도 중간 이상까지는 평지 수준으로 이어지기 때문에 속도를 꽤 낼 수 있었다. 물도 그렇고 식량 문제 때문에 서둘러 베이스캠프에 도착하고 싶었기 때문이다.

단체로 여행사나 대행사를 통해서 온 트레킹 그룹을 제치고 다시 가다가 또 다른 4인조 그룹을 만나게 되었다. 그들이 한국인이라는 걸 짐작할 수 있었다. 전날 메디컬 텐트에서 의사가 내게 한국 등반대가 있는데 전혀 말이 통하지 않으니 혹시 만나면 통역을 부탁한다고 내게 알려서 더욱 확신했다.

북면 베이스캠프로 통하는 길.
이 길을 홀로 걸으면서 지난 과거를 회상하는데 **눈물이 멈추지 않았다.**
여기 오기까지 고생했던 수많은 과정이 머릿속을 스쳐 지나가는데
내가 얼마나 바보같이 몸으로 부딪혀 왔는지,
그러면서도 한편으론 그 과정들을 다 이겨내고
즐길 줄 아는 것을 배웠음에 감사했다.

"안녕하세요?"

"어? 한국인이세요?"

"네…… 혹시 스페인 어 통역이 필요하시면 제가 다른 건 못 도와드려도 언어 문제는 도와드릴 수 있을 것 같습니다. 저도 잘하는 건 아니지만, 어제 메디컬 테스트 때 제게 부탁하더라고요."

"앉아서 잠시 쉬고 가죠."

그렇게 통성명에서부터 무슨 연유로 여기 있는지 등, 타지에서 처음 만났을 때의 기본적인 대화들이 시작되었다.

"여행한 지 현재 10개월째 되었고 남미만 여행해서 지금은 스페인 어로 대화하는 데 큰 지장 없을 만큼은 하게 되었습니다. 이곳에는 역시 혼자 왔고요. 덕분에 영어는 완전히 까먹었지만요."

등반팀은 대전광역시 산악 조난 구조대에서 오신 분들이었다. 이 팀의 대장님이 나에게 어디 소속이냐고 물으신다. 소속이라면 분명히 이 질문은 대학 산악부나 산악 동호회, 연맹소속, 산악회 등을 물어보는 걸 거다. 달리 할 말이 없어서 '저는 그냥 평범한 대학생입니다'고 했더니 아무런 말이 없으셨다. 하지만 한참 후 베이스캠프에 도착하고 나서야 더 깊은 이야기를 나누면서 말을 꺼냈다.

상행 카라반 중 우연히 만난 한국인.
지금은 매우 친해져서 형들이라고 부른다.
형들은 나에게 부족한 식량을 제공해 주었고
나는 형들의 의사소통을 도와주면서 산에 있는 동안 서로 상부상조했다.

"저는 산악부는 아니지만, 주위에 그런 친구들과 사람들이 많이 있습니다. 작년에는 코오롱 오지탐사대원으로 선발되어 키르기스스탄의 미답봉들을 탐사하고 왔습니다."

그제야 모두 이해를 하신 모양이다. 그냥 일반 대학생이 혼자서 여길 등반하겠다는 생각을 했다는 게 이해가 안 가셔서 나에게 소속을 물어보셨다고 한다. 알고 보니 대장님의 아드님도 이번에 고등부 오지 탐사대에 최종 합격하여 몽골 알타이 산맥으로 다녀왔다는 것이다. 더 놀라운 것은 내가 한창 오지탐사대로 선발되기 위해 고군분투하고 있었던 마지막 3차 테스트에서 오대산에 계셨다는 것이다. 이 말은 그 혹독한 마지막 과정의 감독관 중 한 명이셨다는 것이다.

비록 우리 조는 아니지만, 당시에 4조 감독이었다고 하는 걸 보니 귀국하면 동기들에게 한번 물어봐야겠다. 이렇게 산에서 또 다른 인연을 만날 수 있게 되었다.

다시 베이스캠프를 향한 카라반으로 돌아가 보자. 반 이상까지는 아무렇지 않게 잘 걸어왔다. 그도 그럴 것이 내가 가는 북면 노말 루트에 가기 위해선 산을 중심으로 반 바퀴를 돌아간 뒤 올라가기 때문에 경사가 심하지 않은 곳들이 이어져 왔다. 하지만 지금부터는 본격적으로 고도가 올라가기 시작한다. 고도가 올라갈수록 나는 23kg의 배낭을 메고 중력을 거슬러 올라가야 한다. 23…… 23…… 23…… 보통 비행기 이코노미석 수화물이 1인당 최대 23kg이지? 계속해서 23kg라는 숫자가 머릿속을 맴돈다. 나도 무게만 좀 가벼웠더라면. 나도 돈만 있었으면 당나귀를 통해 편하게 짐을

사막에서와 마찬가지로 이곳에서도 동물의 뼈를 볼 수 있었는데
아마도 여기는 물라의 사체인 것 같다.
유난히 경사진 비탈길 주위에 뼈들이 많은 거로 보아
무거운 짐을 싣고 오르거나 혹은 내려오다가 발을 잘못 디뎌서 떨어져 죽은 것 같다.

미리 올려놓고 물과 이날 먹을 식량만 챙겨 가면 되는데. 나도 짐 나누어 지고 싶다! 한 걸음 한 걸음 내딛을수록 이런 짐에 대한 생각이 머릿속에서 떠나질 않는다. 시간이 지날수록 내가 가진 불편한 환경에 대한 생각만 커진다. 그러다 다시 내 페이스대로 천천히 가야겠다고 마음을 바로잡는다.

나는 지금 다른 이들의 짐에 비해서 3배 정도 무거운 무게를 짊어지고 있다. 내가 힘든 것이 당연하고 속도를 못 내는 것이 당연하다. 나는 지나가는 이들을 먼저 보내고 혼자 휴식을 취한다. 그래도 지금은 시야에서 베이스캠프의 전경이 작게나마 보인다. 날씨는 갑자기 우박도 아닌 것이, 눈과 바람이 몰아치는데 재킷을 꺼내 입으면 다시 해가 나서 푹푹 찌고, 그래서 배낭을 몇 번이고 벗었다가 메었다가 한다. 급

경사에서는 다섯 걸음도 못 움직이고 한 번씩 쉬는 등 이것들을 반복하며 꾸준히 올라간다. 마침내 마지막 급경사를 넘어 베이스캠프에 도착하였다. 드디어 "만세"를 외쳤다. 그리고 대전 산악구조대 팀 텐트에 들러 쉬는 시간을 보내고 함께 저녁 식사를 했다. 식사를 마치고 나는 나의 텐트를 치기 위해 조금 더 올라갔다.

땅에서부터 출발한 나의 다른 짐이 잘 도착했는지 확인하고 정리한다. 이곳 사람들은 친절하여 텐트 치는 것을 도와준다. 나의 찢어진 텐트 보관용 커버를 들고 가더니 웃으면서 고쳐주고 온다. 정말 이 멘도사 사람들, 사랑에 빠질 것 같다. 그 뒤로 콘플루엔시아에서 잠시 인사를 나누었던 상업 등반대로 온 베트남 친구가 내게 안부를 전하러 온다. 배낭 때문에 어깨가 많이 아프다고 했더니 기다려보라며 자기 텐트로 가더니 파스를 5개씩이나 가져온다. 자기는 많이 갖고 있으니 내게 양쪽에다가 붙이고 자라고 한다. 역시나 이렇게 고생을 하러 온 사람들끼리 모인 곳은 국적을 막론하고 보통 똑같다. 서로의 상황을 잘 공감하고 이해해 준다.

정상대로라면 곯아떨어져야 하는데 일찍 자리에 누웠지만 잠이 오지 않는다. 그렇게 아무 데서나 잘 자던 내가, 피곤함에 지쳤음에도 잠을 못 자고 있다. 베이스캠프에 일찍 도착해서 푹 쉬고 싶었던 계획과 달리 10분 선잠에 10분 깨기를 반복하며 뒤척인다. 겨우 잠이 든 새벽에는 바람이 너무 매섭게 불어서 텐트가 찢어지는 줄 알았다. 21:00 취침.

Plaza de Mulas

8시간 동안 꾸준히 걸어온 끝에
북면 베이스캠프인 플라자 데 무라스에 도착할 수 있었다.
남벽 베이스캠프와는 완전히 다른 분위기로,
여기엔 대형 물라 대행사들이 자리 잡고 있었고
사람들도 많아서 훨씬 생동감 있는 모습이었다.
거의 정해진 시간마다 날씨가 안 좋아지는데
내가 도착한 시간이 그 시간대여서 텐트부터 쳐야 했다.

4일 차

Plaza de Mulas
(4,300m, 북면
베이스캠프, 휴식)

08:00 기상. 오늘은 베이스캠프에서 새롭게 올라온 고도에 적응하기 위해서 휴식을 취하는 날이다. 오전에 메디컬 테스트를 받으러 오라 해서 갔더니 베이스캠프에 도착한 후 24시간이 지나야 한다며 오후 5시에 다시 오라고 한다. 그러고 나니 갑자기 할 게 없어진다. 대전시 산악구조대 팀은 대행사에서 5일 치의 식량을 받기로 했다는데 이미 한국에서 가져온 음식이 가득하여 덕분에 여기서 한국 음식을

아침에 일어나 텐트에서 바라본 풍경이다.
보통 오전에는 날씨가 좋아
정상에 도달할 수 있는 확률이 높아서
새벽 일찍 출발해야 한다.

휴식일을 이용해 빨래하고 강렬한 햇볕에 말려 놓았다.
베이스캠프는 물 공급이 가능한 마지막 장소다.
햇볕은 강하지만, 바람이 많이 불어
빨래가 날아가지 않게 신경 써야 한다.

마음껏 먹고 있다. 정말 오랜만에 보는 것들 천지였다. 내가 얼마나 한국 문화와 동떨어져 있었는지 새삼 실감했다.

나는 이분들의 대행사에 가서 오늘 아침, 점심, 저녁 모두 안 받을 테니 소고기를 좀 받아달라고 부탁받았다. 그렇게 협상에 성공하여 저녁에는 소고기 주물럭을 아주 맛있게 먹었다. 오후 5시가 되어 메디컬 테스트에 갔더니 지금 의사가 없다며 6시에 다시 오라고 한다. 6시는 다른 대형 그룹들도 메디컬 테스트를 받으러 갈 것이라고 오전에 이야기를 들어서 10~20분 일찍 가서 기다리기로 한다. 구조대 팀 네 분의 통역을 먼저 도와드리고선 나는 마지막에 테스트를 받는다.

"마지막에 산에 올라갔던 곳은 어디고 그곳의 해발고도가 얼마였어?"

"음…… 키르기스스탄이고 5,000m 정도였어."

"그게 언젠데?"

"작년에 갔다 왔어."

"아니, 그럼 그거 말고, 너 지금 키르기스스탄에서 지금 바로 오는 거 아니잖아? 어디에 있다가 여기로 온 거야?"

"음…… 나 남미 전체를 돌아다니는 중인데 콜롬비아에서 좀 오래 있었어. 거기 꽤 고산지대거든. 수도 보고타 같은 곳만 해도 2,700m 정도 돼. 3,000m 이상에서 자전거도 많이 탔었고."

"그냥, 너도 저 한국인들처럼 내일 하루 더 여기서 쉬는 걸 추천해."

"왜? 내 몸에 문제 있어? 오늘 종일 쉬었단 말이야."

"아니, 그건 아닌데…… 그냥 올라가지 말고 하루 더 쉬어. 물 더 자주 마시고. 최상의 컨디션을 위해서야."

"근데 나 내일 Camp1로 올라가야 하는데…… Camp1까지 올라갔다가 거기 식량만 두고 다시 베이스캠프로 내려올 건데 그래도 안 될까?"

"아 그건 괜찮아. 그럼, 행운을 빌어!"

그렇게 메디컬 테스트에 통과한 우리(나와 구조대 팀)는 테스트에 대한 불안감을 접어두고 종일 마음껏 음식을 먹고 어제 받아놓은 포도주 2병도 마셨다. 실제로 이 메디컬 테스트에 통과하지 못한 한국 팀들이 예전에는 꽤 있었다고 구조대 팀의 대장님께서 말씀하신다. 통과하지 못하면 더 이상 베이스캠프 위로 올라갈 수 없으며 심할 경우에는 콘플루엔시아로 다시 하산 명령이 내려진다. 난 베이스캠프까지도 무사히 도착하고 메디컬 테스트도 통과되었으니 이제 등반의 반이 이루어진 거나 다름없다. 나는 체질상 포도주가 잘 맞지 않아 마시지 않았지만, 형님들은(이제 형님들이라 부른다) 술안주가 좋으셔서 그런지 금방 2병을 다 비워 버리셨다. 그리고 내게 혹시 대행사에서 포도주를 팔면 사서 오라고 하셨고 나는 임무를 완수하러 갔다.

"올라Hola! 우리가 오늘 밥도 안 먹었고, 그냥 소고기만 조금 얻었는데, 혹시나 어제처럼 포도주 2병만 서비스로 줄 수 없어? 안 되면 돈으로 살게."

"음…… 나는 권한이 없고 여기 관리자에게 얘기를 해봐야 하는데. 기다려봐."

그러더니 한 3분 뒤에 다시 나타난다.

"관리자가 없는데 자, 이거 그냥 가져가." 하면서 파릇파릇한 멘도사 포도주 2병을 건네준다.

"오 정말? 고마워! Gracias(감사합니다)!"

난 그렇게 예상치도 못한 한식을 얻어먹는 대신 형들의 입이 되어 상부상조하고 있었다. 날은 저물어가고 있었다. 하루 더 휴식을 취하는 구조대 팀과 달리 나는 내일 오전에 올라가서 많은 양의 음식을 두고 다시 내려와야 했으므로 먼저 텐트로 올라갔다. 올라갔더니 장고(처음 날 보자마자 텐트 치는 걸 도와주고 찢어진 텐트 커버를 웃으면서 고쳐준 물라 대행사에서 일하는 매우 활기찬 아르헨티나 청년)가 내게 말을 붙인다.

"킴! 어디 있다 왔어? 저녁은 먹었어? 너 계속 안 보이던데?"

"아…… 응. 밑에 한국 팀이 하나 있는데 통역을 도와주면서 거기서 같이 밥 먹었어."

"아! 좋아, 좋아! 여기 전기 충전할 거 있으면 나한테 말해!"

"뭐!? 여기 충전도 할 수 있어? 전혀 몰랐는데, 당연히 완전 필요하지!"

"응! 태양열로 받은 전기가 있어. 근데 저녁 7시부터 10시까지밖에 안 돼. 이제 30분 남았는데 이제라도 하려면 갖고 와. 여기서 기다릴게."

"오케이! 기다려!"

그렇게 나는 30분이라도 충전할 수 있다는 것에 감사함을 느끼며 10시까지 충전을 기다렸다. 드디어 한 칸 차오른 배터리를 보며 좋아하면서 잠이 들었다. 22:00 취침.

5일차

Plaza de Mulas (4,300m, 북면 베이스캠프)

Canada Camp (4,910m, Camp1)

Plaza de Mulas (4,300m, 북면 베이스캠프)

07:00 기상. 아침에 일어나 텐트 밖을 보니 밤새 바뀐 기온으로 서리가 껴 얼어 있었다. 일어난 후 뜨거운 물을 얻기 위해 물라 텐트로 들어갔더니 때에 맞춰 그쪽에서 뜨거운 물을 막 올려놓고 있었다. 신나게 자기들끼리 노래를 부르고 춤을 추며 아콩카과에서의 아침을 맞이한다. 나도 덩달아 마음이 편해진다. 앞으로 남은 일정 동안 먹을 모든 식량 및 이중화, 크램폰, 피켈 등과 같은 지금 당장 필요하지

아침을 이렇게 장난을 치면서 맞이하는
아르헨티나 친구들.
함께 있다 보면 그렇지 않아도 맑은 아침에
활력이 더해져 상쾌하지 않을 수 없다.

Camp1에는 앞에 텐트를 친 흔적들과 함께
짐들을 데포(산에서 비상으로 식량 및 연료, 장비 등을 저장시켜 놓는 것)
시켜 놓은 모습들이 여기저기 보인다.

않은 등반장비들을 하루 일찍 올라가서 내려놓으면서 고소 적응도 할 겸 오전은 Camp1Canada Camp을 향해 출발한다.

출발하고 얼마 안 되어 산악구조대 팀 형 2명이 먼저 올라가고 계셨다. 베이스캠프에서 쉬시는 줄 알았는데 컨디션이 좋으신가 보다. 나는 역시나 무리하지 않고 내 페이스에 맞춰서 천천히 간다. 경사가 굉장히 심하다. 배낭 무게에 이중화까지 신으니까 중심을 잘 못 잡으면 넘어갈 지경이다. 조금 조금씩 능선이 다가오고 있고 시간상으론 캠프지가 보여야 하는데 역시나 쉽게 보여주지 않는다. 아래를 내려다보니 베이스캠프가 손톱처럼 보이고 그 옆 외딴곳에서 베이스캠프에서는 보지 못했던 막사 같은 곳이 보인다. 예전에는 호텔로 썼다고 하는데 지금은 버려진 곳이다. 이름만 호텔

포근한 베이스캠프를 떠나 Camp1로 올라가는 길.
심한 경사가 이어지다가 약간 완만해지고 Camp1 직전 다시 한 번 센 경사가 나온다.
생명이라곤 찾아볼 수 없는 너덜지대다.

이겠지만, 이런 곳에 호텔이라니…… 관광 차원에서 들르는 여행자들이 베이스캠프까지만 트레킹을 하고 이곳에서 하루 묵고 돌아가는 일정이었는가 보다.

큰 바위를 넘어가니 초라한 Camp1 나온다. 곳곳에 텐트를 쳤던 흔적들이 보이고 이미 몇몇 짐들은 데포되어 있다. 아침에 먹다 남은 2인분짜리 건조 파스타를 챙겨왔는데 조금 터져 있다. 이곳에서 약 30분간 쉬면서 고소 적응을 하고 있는데 날씨가 다시 안 좋아질 기미가 보여서 하산을 서두른다. 역시나 내려갈 땐 조심해야겠다. 특히 만약에 정상에서 내려오는 경우라면 이미 힘이 빠질 대로 빠져 있을 테니 다치지 않게 최대한 신중히 내려갈 것을 다짐했다. 그렇게 올라간 시간의 3배 속도로 하산하여 내려왔다.

아타카마 사막 마라톤 때도 마찬가지였고, 수많은 경험을 통해서 깨달은 게 있다. 힘든 상황에서는 코카콜라가 최고라는 것. 그래서 무리해서라도 이번에 콜라를 챙겨 왔다. 보통 해발 고도가 3,000m 정도만 넘어가더라도 라면 봉지를 포함해 모든 밀봉 제품들이 기압으로 부풀어 오른다. 콜라는 말할 것도 없이 탄산으로 가득 차서 금방이라도 폭발해버릴 것 같은 기세다. 신중하게 정말 몇 분에 거쳐서 뚜껑을 열고 당분간 마지막이 될 콜라를 즐긴다.

이제 내일부터 진짜 전진만 하면서 올라간다. 내일 떠나면 다시 베이스캠프로 내려오는 일은 없을 것이다. 23:00 취침.

6일 차

Plaza de Mulas (4,300m, 북면 베이스캠프)

Canada Camp (4,910m, Camp1)

07:30 기상. 오전에 Camp1으로 이동하기 위해서 준비를 하고 출발을 하려는 찰나에 얼굴색이 많이 지쳐 보이는 외국인 한 명 올라온다. 바로 아콩카과 남벽을 솔로로 등반하려고 온 미국인이다. 내가 남벽 베이스캠프에 고소적응차 올라갔을 때 쓸쓸히 설치된 텐트 하나가 바로 이 멋진 사나이의 것이었다. 그런데 등반 도중 자신이 갖고 갔던 스토브가 고장 나서 물도, 음식도 먹을 수 없어서 목숨을 걸고 급하게 벽을 내려와서 사람들이 있는 이곳 북면 베이스캠프(플라자 데 무라스)로 온 것이다.

새벽 1시에 출발하여 오전 8시에 도착했으니 9시간 동안 쉬지 않고 온 거다. 단순 계산만 해도 엄청난 속도로 이동한 건데, 그것도 추운 새벽에 말이다. 그는 추위에 떨고 있었고 잃어버린 자신의 스토브 장치 중 하나를 급하게 구하러 다니느라 정신없어 보였다. 그 모습이 안타까워 얼른 뜨거운 차를 건네주고 먹을 것들을 줬다. 계획을 들어보니 우선 남벽에서 어쩔 수 없이 내려왔기 때문에 이번에는 북면 루트로 해서 아콩카과 정상을 갔다가 다시 왔던 길을 돌아가서 남벽 등반을 시도할 거라고 한다. 나도 상식을 벗어난 행위를 하고 있지만 저건 정말로 미친 짓이고 위험한 짓이다. 뭔가 그냥 다시는 그를 볼 수 없을 것 같은 무서운 생각에 더욱더 잘 해주고 싶었다.

그렇게 지친 일정으로 왔음에도 불구하고 그는 여기서 조금 쉬었다가 바로 베이스캠프에서 Camp2로 가고 그 다음 날 Camp2에서 3를 패스하고 정상 공격을 할 거라고 한다. 보통 사람들의 일정보다 2~3배씩 빨리 움직이며 다니고 있다. 나이도 나보다 훨씬 많을 텐데도 말이다. 성공하든 실패하든 부디 안전하길 바라면서 난 떠날 채비를 갖춘다.

한동안 못 볼 베이스캠프를 떠나기 전 유쾌했던 친구들과 사진을 찍어둔다. 난 한참 세상이 크리스마스로 분위기가 달아오를 때 산으로 들어왔기 때문에 혼자서라도 그 분위기를 내보려고 산타 모자를 챙겨왔었다. 그러자 자기도 그런 것이 있다며 기다려 보라더니 펑키 스타일 가발을 꺼내 사진의 재미를 더해준다. 참으로 재밌고 좋은 친구들이다. 그렇게 작별 인사와 포옹을 하고 Camp1을 향해 출발한다.

어제 무거운 짐을 다 올려놔서 그런지 상대적으로 배낭도 가볍고 올라가는 데 숨도 덜 차다. 전날보다 40분이나 일

다시 모든 짐을 들고 베이스캠프를 떠나 정상을 향해 출발하던 날,
(크리스마스 시즌이라) 산타 모자를 쓰고 인사를 하러 온 나를 보고
자기들도 가발을 꺼내어 쓰고 함께 사진을 찍는다.
꼭 무사히 다녀오라고 응원하는 깊은 포옹과 함께 말이다.

찍 도착했다. 산악구조대 형들은 나보고 고산 체질이라고 하신다.

올라오니 아르헨티나(남), 스페인(여) 커플이 떠날 준비를 한다. 어디로 가느냐고 하니 베이스캠프로 가는데, 어제까지 Camp2에 있다가 남자가 고산으로 폐에 문제가 생겨서 할 수 없이 돌아가는 거라고 한다. 안타까운 마음에 다음에는 더 잘 준비해서 히말라야 쪽으로 한번 도전해보라고 했더니 이미 같이 다녀온 모양이다. 같은 취미를 즐기면서 세계를 떠돌아다니는 커플들이라, 부럽기 그지없다. 그들은 나에게 행운을 빌어주었고 나는 그들에게 마지막까지 조심하고 멘도사에서 맛있는 소고기와 포도주를 즐기라고 격려해준다.

폐에 이상이 생겨 하산 명령을 받은 아르헨티나 산악인.
그의 여자 친구는 스페인 출신이었고
서로 전 세계의 명산들을 다니면서 여행 중인 것 같았다.
서로 대화가 통하고 취미가 같고 바라보는 방향이 같은 커플들인데
비록 이번 산 정상은 실패했지만, 그들은 행복할 것 같았다.

텐트를 치고 나니 막상 할 게 없어진다. 내일 또 무거운 짐을 Camp2에 올려놓고 내려와야 하는 작업을 해야 하기에 텐트 안에 들어가서 1시간쯤 낮잠을 취한다. 하지만 여전히 햇빛이 문제다. 조금씩 머리가 띵해지기 시작한다. 해가 지려면 아직도 3~4시간은 남았다. 저녁 9시가 훌쩍 넘어야 지는 이곳의 해는 제대로 휴식을 취하지 못하게 사람을 괴롭힌다. 게다가 고도가 높기 때문에 굉장히 따갑고 강렬하다. 똑같은 조건의 태양으로 5km 더 가까이 다가갔다고 생각하면 된다. 텐트 안은 찜통이고 나가면 춥다. 빨리 밤이 오기만을 기다리는 수밖에 없다. 머리가 조금 아프다. 좋지 않은 증상이다. 다시 햇빛을 피해 누웠다가 깨어나지만 아직도 저녁 7시다. 해가 지려면 2시간이 넘게 남았다. 머리는 여전히 아파오고 물이라도 많이 먹어야겠다는 생각에 얼음을 녹인다. 시간이 생각보다 많이 걸린다. 결국에는 텐트를 반대 방향으로 바꿨더니 햇빛이 덜 들어온다. 22:00 취침.

오전 동안 Camp1 에 모든 걸 들고 올라와 텐트를 치고 점심을 먹고 난 뒤
또다시 시간을 때워야 하는 때가 온다.
일기도 써보고 사진도 찍고 눈을 녹여 물도 만든다.
그래도 시간이 남으면 과거와 주위를 회상하는 시간을 가지면서
나 자신을 되돌아보고 반성하면서 많은 것을 그리워한다.

아직 가보지 않은 Camp2에서 내려오는 듯한 사람들이
바로 베이스캠프를 향해 하산하고 있다.
벌써 가보지 못한 Camp2의 모습이 궁금해진다.
혹시라도 거기에선 정상부의 모습이 조금이나마 보일 것 같기 때문이다.

7일차

Canada Camp (4,910m, Camp1)

Nido de Condores (5,400m, Camp2)

Canada Camp (4,910m, Camp1)

08:00 기상. 머리가 아픈 상태 그대로 잠이 들었다가 새벽에 깨었을 때 조금 괜찮아진 것 같더니 아침에 눈을 뜰 때 다시 띵해진다. 새벽에 참았던 소변이 찰 대로 차서 얼른 밖으로 뛰쳐나간다. 텐트 안에 있을 때는 밤새 눈이 온 줄 알았더니 그게 아니라 입김으로 서리가 껴서 얼음이 뚝뚝 떨어진 것이었다. 아침 날씨는 좋다. 저녁에 먹을 식량만 빼놓고 이틀 전 했던 짓을 똑같이 하러 올라간다. 앞으로의 식량과 안 쓰는 장비를 나누어서 Camp2로 올려놓고 내려오는 것이다.

어젯밤보단 머리가 덜 아프지만, 컨디션이 좋지는 않다. 걷는 걸 보면 알 수 있다. 몸이 무겁다. 무조건 천천히 올라간다. 이것은 시간 싸움을 하는 대회가 아니기 때문에 천천히 신중하게 목적을 달성하면 된다. 스스로를 잘 컨트롤할 줄 아는 것도 능력이고 경험이며 기술이다. 언덕만 넘으면 Camp2가 있을 줄 알았더니 또 다른 더 큰 언덕이 나온다. 역시나 쉽지 않다. Camp1에서 Camp2로 올라가는 길은 5,000m가 넘어가는 고도이기에 조금 걷다가 숨이 차올라 쉬고 다시 조금 걷다가 쉬고를 반복해야만 한다. 그래도 mp3를 통해 오랜만에 좋아하는 록 노래를 들으니 조금은 힘도 나고 도움이 된다.

저 멀리서 풍향계가 펄럭이는데 아직 한참 남았다. Camp2는 생각보다 높았고 거기서부턴 아콩카과 정상부로 예상되는 높은 봉우리 외에 보이는 산이 없었다. 이미 구름은 눈높이 아래에 있다. Camp2라고 예상했던 마지막 봉우리 끝에 다 왔지만, 마지막 100m를 가는데 10분은 넘게 걸린 것 같다. 도착했을 땐 아무런 흔적이나 텐트가 없었다. 오직

베이스캠프 이후로는 물을 수급할 방법이 없기 때문에
여름이라도 아직 남아 있는 만년설을 채취해서 녹여야 한다.
사진 속에 보이는 배낭 커버와 피켈은 다른 용도로 쓰이는 것이지만
이렇게 적절한 상황에서 다양한 역할을 해주기도 한다.

음식을 해 먹기 위한 물과 마실 물을 꾸준히 만들어 저장해 놓아야 한다.
전부다 날진NALGENE 제품의 물통인데
다양한 용도로 사용할 수 있어서 많은 산악인들이 사용한다.
아콩카과에서도 예외 없이 일 인당 1개 이상씩의
날진 물통을 들고 온 것을 볼 수 있다.

이곳 공원 구조대 2명만 있는 천막이 자리를 지키고 있었다. 여기서 보는 경치는 그 어느 곳에서 봤던 것보다 끝내준다. 여태껏 안데스 산맥의 한 줄기만 통해서 올라온 것이라면 이곳에 섰을 땐 반대편 미지의 능선들이 한눈에 보인다.

(이 경치들이) 얼른 Camp2로 모든 짐을 가지고 텐트를 치고 싶게 만든다. 힘겹게 올라갔던 거리를 겨우 1시간 만에 내려오고선 바로 물을 만들기 시작한다. 배낭커버에 눈을 담고 그것을 다시 냄비에 옮겨서 녹이기 시작한다. 이 작업을 세 번 하는데 정말이지 이것 때문에 고소가 올 지경이다. 겨우 30m 거리에 눈이 있는데 다녀오면 머리가 띵하고 숨이

이곳에 와서 노을을 매일 보는데,
고도가 높아질수록 노을은 점점 더 강렬해진다.
하지만 아무에게나 다 보여주는 것은 아니다.
일단 해가 지고 나면 너무 추워서 텐트 안으로 들어가고 싶기 때문이다.
나도 보통은 추위가 싫어 텐트로 들어 가버리지만 이날은 쉽게 움직일 수 없었다.

턱 끝까지 찬다. 여기서 남는 시간은 빙하를 녹여 미리 물을 만들어 놓는 일밖에 없다. 그리고 또 다른 일은 기도하는 일.

여전히 오늘도 늦게 지는 햇빛이 날 괴롭힌다. 사막에서 날 괴롭혔던 것과는 또 다른 느낌이다. 이날, 태어나서 처음으로 침대에서 자보고 싶다는 생각을 해봤다. 침대에서 못 잔지가 얼마나 되었는지도 모르겠다. 해가 완전히 질 때까지 기다리고 누운 지가 2시간째인데 잠이 오지 않는다. 이왕 잠도 안 오는데 새벽에 일어나 소변을 보러 가는 불상사를 막기 위해 억지로 나가서 소변을 본다. 정말 눈앞이 하나도 보이지 않아 무서워서 멀리 나가진 못했다. 그리고 얼른 볼일을 보고 텐트 안으로 들어와서 일지를 쓴다. 00:30 취침.

8일 차

Canada Camp (4,910m, Camp1)

Nido de Condores (5,400m, Camp2)

Berlin Camp (6,000m, Camp3)

Nido de Condores (5,400m, Camp2)

08:00 기상. 전날 잠을 제대로 못 잔 탓인지 피곤하고 몸이 매우 무겁다. 텐트를 포함한 나머지 장비들을 챙겨서 전날과 똑같은 시간인 오전 10시 20분에 Camp2를 향해 출발한다. 오늘따라 배낭 무게도 더 무겁다. 아니, 어쩌면 그렇게 느끼고 싶어 하는 건지도 모르겠다. 숨을 고르면서 천천히 한 발자국 내디딘다. 그래도 오늘은 어느 정도 가야 Camp2가 나오는지 알고 있으니 심적으로 힘들진 않다. 오늘 날씨가 유난히 좋은데, Summit(정상 등정을 성공한 표현)을 하고 내려오는 이들이 많이 보인다. 물어보진 않았지만, 규모나 장비 그리고 표정을 보면 알 수 있다. 나도 며칠 후에 저 기쁨을 맛볼 수만 있다면!

힘겹게 Camp2로 도착한 후 배낭을 내려놓으면서 계획을 바꿔 내일 해야 할 일을 오늘 하기로 한다. 그것은 식량 및 장비들을 마지막 캠프로 올려놓는 것이다. 우선은 점심시간인 데다 배도 허기지니 눈을 물로 바꾸는 작업부터 한다.

아침 일찍 Camp2로 포터 한 명이
짐을 한가득 짊어지고 힘겹게 올라오고 있다.

오후에는 항상 날씨가 안 좋아지기 마련인데 오늘은 구름 한 점 없이 깨끗하다. 정상으로 가기에 최적의 날씨다. 이런 날이 몇 번이나 있을지 모르겠다. 베를린 캠프가 Camp3라고 알고 있었는데 하나가 더 있다고 공원의 레인저들이 이야기 한다(기록을 못해서 기억이 안 나지만 까롤리나였나 그랬다). 그곳이 고도가 베를린 캠프보다 좀 더 높고 멀다고 하니 그곳을 목표로 잡고 갈 계획이다. 식사 후 따뜻한 차 한 잔 한 뒤 몸을 가볍게 해서 나선다. 경사는 더욱 가파르게 나 있지만, 경치는 더욱 끝내준다. 뒤돌아서 그 멋진 안데스산맥을 감상하려고 하면 매서운 바람이 내 눈을 삼킨다.

정상을 찍고 내려오는 미국 솔로 등반가.
혼자서 남벽에 도전하였다가 스토브에 문제가 생겨 급히 내려온 후
3일 만에 북면 루트로 정상을 찍고
다시 남벽을 오르기 위해서 내려가는 중이다.
이후의 소식은 알지 못하지만 무사할 거로 생각한다.

중간 지점에서 누군가 한 명이 재빨리 하산하여 내려오는 것이 보이는데 가까이서 봤더니 바로 마지막 베이스캠프에서 봤던 미국인이었다. 오늘 오전 정상을 찍고 내려가는 중이고 크리스마스 날 남벽 솔로 등반을 다시 도전할 거라고 한다. 아직까진 무사해서 다행이고 오른쪽으로 가면 베를린 캠프, 수직으로 뻗어 올라가면 나의 목적지인 또 다른 Camp3이라고 알려준다. 우린 서로에게 행운을 빌고 각자 갈 길을 향해 떠난다.

거대한 자연 앞에서 인간도 고작 자그마한 일부에 지나지 않는다.
높이 올라갈수록 사람의 흔적은 더욱 작아지고
그 모습은 점점 하나의 작은 점이 되어 결국 시야에서 사라진다.

Camp2 이상 올라와야지만 볼 수 있는 또 다른 경치다.
사진의 배경 너머로 끝없이 펼쳐져 있는 안데스 산맥이 보인다.
칠레, 페루, 볼리비아, 아르헨티나 등에서 비행기를 타게 되면
바로 밑에 높은 설산들이 줄지어 있는 비슷한 경치를 볼 수 있다.

올라갈수록 반대편 사면에 베를린 캠프 모습이 나타나는데 무인 산장 2개가 보인다. 하지만 사람은 없다. 눈앞에 보이는 능선만 넘어가면 캠프사이트Camp site가 보이든지, 혹은 아콩카과 정상 부위를 볼 수 있든지 뭔가가 나타날 거란 기대에 힘을 내어 올라간다. 마지막에 깔딱고개와 함께 심한 경사가 나타났고 계단을 올라가듯이 바위를 밟고 넘어가니 바로 눈앞에 캠프사이트가 나왔다. 마지막 캠프지답게 텐트가 한 그룹밖에 없었고 황량했다. 주위를 살펴보고 마땅한 자리에 보관할 작은 배낭을 숨겨놓은 뒤 유일하게 여기 와있는 그룹에게 날씨나 걸리는 시간 등 이것저것 정보를 물어본다. 미국에서 온 팀인데 그중 한 명이 1990년대에 한국에 와봤는데 정말 좋았다고 한다. 나도 덩달아 2009년도에 미국에 가봤다고 맞장구를 쳐주고 행운을 빌었다. 그들은 내일 새벽, 정상을 향해 출발한다.

여기는 이제 해발 6,000m대. 오늘 고도를 1,000m나 올렸다. 보통 고산 등반을 할 때 하루에 통상적으로 700m 이상 올라가지 않는 것이 좋다고 한다. 춥기도 춥고 저녁 먹을 시간이 되어서 재빨리 Camp2로 하산한다. 내려오니 텐트 주위에 단체로 대행사를 통해서 들어온 상업등반대들이 모여있다. 석양을 바라보면서 많은 생각을 한다. 저들은 식량과 장비, 등반 일정들에 대해서 나처럼 개인적으로 등반 온 사람보다 훨씬 더 간편하겠지만, 그들은 그들만의 방식이 있는 것이고 나는 나만의 방식이 있는 것이다. 사실상 이러한 광경은 세계 최고봉인 에베레스트에서도 볼 수 있다. 그 말인즉슨 과거와 같은 순수한 등반의 시대가 끝났다는 것이다. 물론 그렇게 올라가면 무슨 의미가 있겠느냐며 스포츠맨십을 들먹일 수도 있겠지만 저들 중에는 나이가 많아서 체력이 좋지 않은 사람, 장애를 극복하기 위해서 온 사람, 평생에 꿈을 이루기 위해서 온 사람 등 겉으로는 알지 못하는 다양한 사연이 있을 수 있다. 용기만 있다면 그러한 약점은 상쇄시킬 수 있는 것이다. 다만 준비되지 않은 자들이 산을 만만하게 보거나 정복의 대상으로 본다면 그것은 확실히 좋지 않은 태도다. 자연에게도, 자기 자신에게도 말이다. 23:00 취침.

하루를 마무리하면서 기록하고 일기를 쓴다.
글 또한 사진과 마찬가지다.
그때 그 시점에서 느끼는 감정과 생각은 그날이 지나고 나면
다시 사라져버리기에 부지런히 적어야 한다.

9일 차

Nido de Condores (5,400m, Camp2)

Berlin Camp (6,000m, Camp3)

08:30 기상. 밤새 머리가 깨질 것만 같았다. 머리가 아파 아무것도 하기가 싫다. 그렇게 증오하던 태양도 아침만큼은 빨리 만져보고 싶어진다. 아콩카과의 명성답게 바람이 텐트를 집어삼킬 것처럼 매섭게 몰아치고 있다. 바람이 텐트 밖에서 내가 나오기만을 기다리고 있다. 눈을 녹여서 물을 만들어 먹어야 하는 걸 가볍게 여긴 나는 가스가 모자랄 것으로 예상한다. Camp3로 향한다. 짐이 많이 무겁다. 하지만 이 짐을 지고 올라가는 것도 이걸로 끝이다. 출발을 하기 전 구조대 텐트에 들러 날씨 상황을 알아봤다. 오전 11시가 다 되어 가지만 해가 늦게 지고 늦게 뜨는 특성 때문인지 이들도 다들 아침에 늦게 움직인다.

"킴! 잘 잤어? 오늘 Camp3로 올라가니?"

"응. 그래서 날씨 상황 좀 알고 싶어. 내일이랑 내일모레까지."

"알겠어. 기다려봐"

나에게 잘 대해주는 구조대원 친구들이 베이스캠프로 무전을 날려서 날씨 정보를 묻는다.

"킴. 내일 새벽은 날씨가 아주 좋고 모레 새벽은 바람이 좀 불 거야. 풍속이 35km 정도 된다네. 아마 모레가 크리스마스이브니까 많은 사람들이 올라가려고 할 거야. 우리도 갈 예정이야. 그러고선 베이스캠프까지 내려가서 포도주 마시며 놀자고! 하하하."

"그래? 고마워, 나도 그랬으면 좋겠다. 그럼 또 보자고 안녕!"

"알았어. 조심하고 무엇이든 필요한 것이 있으면 우리에게 말해!"

참으로 고맙고 든든한 한 마디였다. 그렇게 나는 가파른 언덕을 오르면서 마지막 캠프지로 향한다. 짐 무게도, 몸도 무겁다. 다섯 걸음만 가도 고개를 땅에 처박고 쉬어야 한다.

'무게가 가벼워지면 어제처럼 갈 수 있으려나?'

그러나 무게에 대한 고민도 이걸로 끝이다. 이제 태어나 처음으로 6,000m대에 접어든 것이다. 여기까지 스스로 잘

Camp3로 향하는 마지막 고비다.
이 거대한 바위를 넘어서면 마지막 캠프지를 볼 수 있다.
그리고 그 의미는 이제 6,000m의 영역으로 도달했다는 뜻이다.

이렇게 눈을 배낭 커버에 한가득 담아서 텐트에서 물을 만들기 시작한다.
눈이 녹아서 물이 되는 데까지 그리고 그것이 뜨거운 물이 되는 데까지
생각보다 많은 시간과 노력이 필요하다.

2시간가량 걸려서 겨우 짜파게티 하나를 완성할 수 있었다.
비록 끓는점이 낮아서 완전히 익지 않아 과자인 상태로 먹어야 했지만,
오랜만에 먹은 짜파게티는 그야말로 환상적이었다.

버텨왔다. 매일 밤 텐트에 들어가기 전 아콩카과 여신을 향해 기도한 덕분인지 큰 막힘없이 잘 올라왔다. 그리고 사투 끝에 Camp3까지 잘 도착했다. 몸에 진이 빠지며 다리에 힘이 하나도 없다. 아무것도 하기 싫다. 그래도 정신을 차리고 텐트를 치고 밥을 하기 위한 물과 마시기 위한 물을 만들기 위해 또 눈을 모은다.

어제 숨겨둔 다른 짐이 보이지 않아 찾는다고 꽤 고생했다. 짐 정리를 하지도 못하고 너무 지쳐서 배낭을 그대로 베고 텐트 안에 누우니 머리가 으깨질 것 같다. 물을 끓이면서 낮잠을 자는데 아무것도 할 수도 그리고 하기도 싫었다. 잠을 자면서도 숨이 차는 것이 느껴지고 심장이 미친 듯이 뛰다가 또 멈췄다가를 반복한다. 더 높은 곳이라 그런지 물조차 끓지 않는다. 그렇게 1시간 30분 만에 겨우 짜파게티를 하나 만들 수 있었다. 이게 얼마 만에 먹는 짜파게티인가! 오늘로 한국을 떠나온 지가 벌써 300일 되는 날이다. 짜파게티 면은 다 익지 않은 과자 상태지만, 아주 맛있게 잘 먹었다. 설거지는 물티슈 한 장이면 충분하다. 공들인 짜파게티를 하나 먹고 나니 어느새 저녁 시간을 맞추기 위해 또 물을 만들어야 한다. 살기 남기 위해서 말이다.

저녁은 칠레에서 비싸게 주고 구입한 미군 전투식량(건조 식량)인데, 눈과 얼음을 녹이고 물을 만들어 끓이고 음식을 만드는 과정을 다시 한 번 반복한다. 많은 시행착오를 겪으면서 연료가 부족한 나는 어떻게든 에너지를 효율적으로

멘도사에서 빌려온 1인용 텐트가
혼자 Camp3에 덩그러니 놓여 있다.
그리고 정상 부위에서부터 날씨가 급격히 안 좋아지기 시작하더니
이내 가스가 차고 기온이 뚝 떨어지기 시작한다.

소비하기 위해서 먼저 끓인 뜨거운 물을 보온병에 넣어서 눈을 미리 녹여두는 등의 잔머리도 쓴다. 역시나 물의 끓는점에 도달하지 못해서 그런지 온도가 약해서 건조된 음식들이 다 익질 않는다. 조금 먹다가 이건 도저히 사람 먹을 것이 아니다 싶어 내일 죽처럼 끓여버리자고 생각하고 저녁을 포기했다.

머리가 나아질 생각을 않고 몸에는 힘이 하나도 없다. 나름대로 고산 적응을 굉장히 잘하는 편에 속했는데 생애 한 번도 경험해보지 못한 6,000m급에서 바로 그 님이 오신 것 같다. 그래도 아직 구토 증세가 없고 식욕이 있는 거로 봐선 심각하진 않다. 오늘 밤 자고 지켜봐야 할 일이다. 원래라면 레인저들에게 건네받은 날씨 정보 때문에 오늘 새벽 바로 1차 정상 공격을 시도하려고 했었다. 모레 바람이 많이 분다면 난 그것을 대처할 충분한 복장을 갖추고 있지 않기 때문이다. 아니, 윗옷은 충분하나 바지가 문제였다. 게다가 난 추위에 굉장히 약하다. 그래서 추위를 피해 보고자 조금 피곤하고 체력 소모가 많더라도 오늘 새벽에 정상을 향해 떠나보려 했으나 지금 이 상태로는 아무것도 할 수가 없다. 누워있는 것 외에는 말이다. No puedo hacer nada(아무것도 할 수가 없어)!

밤이 찾아오고 나서 눈보라가 몰아치기 시작한다. 텐트가 펄럭이는데 낮에 힘들어서 짜임새 있게 치지 못한 텐트가 걱정이다. 머릿속에서 지진이 일어난 듯 난리다. 특히 뒷

골부터 조여오는 느낌이 상당하다. 급기야 도움이 될까 싶어 진통제 한 알을 털어 넣는다. 갑자기 사막 마라톤 마지막 스테이지인 롱데이가 생각난다. 10알의 진통제를 먹었던 그 기억 말이다. 그때가 외과적 고통이었다면 이것은 내과적 고통이라 해야 할까? 뇌에 산소가 부족해서 그런 건가 싶기도 하여 앉아서 입을 크게 벌린 채 최대한 산소를 들여 마셨다, 뱉었다, 해본다. 그러다 보니 입으로 숨을 쉬는 것에 대한 단점이 생겼다. 여태껏 햇볕에 화상을 입고 건조해서 쩍쩍 다 갈라지고 찢어진 입술이 숨을 쉴 때마다 공기에 부딪혀 굉장히 따갑다. 뭐라도 발라야겠다 싶어 콜롬비아에서 샀던 크림을 막무가내로 바른다. 치료되는 듯한 느낌의 새로운 고통이 입술로 스며든다. 촉촉해질 때까지 반복적으로 그 아픔을 최대한 즐기며 발라준다.

목이 말라 마시는 물 한 잔에서 기름 맛이 난다. 진통제 때문인지는 몰라도 아주 약간은 도움이 되는 것 같다. 잠을 못 자고 텐트 안에서 홀로 이런 짓을 하는 것도 1시간 30분째다. 다시 소변이 마려워진다. 자다가 새벽에 나가는 것보다 지금 나가서 해결하는 것이 100배는 나으므로 얼른 누고 오기로 결정한다. 바지를 2중으로 입었기 때문에 나가서 자크를 내리는 시간을 아끼기 위해 미리 텐트에서 내려놓고 뛰쳐나간다. 볼일을 본 후에는 마찬가지로 자크를 올리지 않고 텐트로 들어온 후에야 침낭 속에서 옷가지를 정리한다. 어쩔 수 없다. 살아남기 위해 조금씩 터득한 나의 생존법인 것을.

제발 몸 상태가 호전되길 빌면서 헤드 랜턴을 끈다. 이런 과정을 치르는 중에도 오늘 아콩카과 여신에게 기도를 하지 못한 것이 생각나 눈 바닥 위에서 후딱 절을 하고선 뛰쳐 들어왔다. 02:00 취침.

얼음에 대한 고찰

물을 만들기 위해 피켈을 들고 빙하를 캐러 간다. 꽤 무거울 정도로 눈과 얼음을 배낭 커버에 가득 담고선 나무꾼이 나무를 많이 해서 보람찬 하루를 마무리하는 느낌으로 텐트에 돌아온다. 가스와 버너를 빈틈없이 결합시키고 라이터를 켠다.

취식 취식~

어느새 불이 켜지고 냄비 안에 금방 캐온 얼음 덩어리를 집어넣는다. 이내 텐트 안은 태양의 열기와 함께 얼음이 타오르는 열정으로 인해 후끈 달아오른다. 처음엔 쉽게 물을 주지 않는다. 그러다가 조금씩 물이 생기기 시작하면 효율 높은 작업을 위해 이미 만들어 놓은 조금의 물을 얼음에다가 다시 붓는다. 그러면 어느새 그들은

부끄러운 듯이 하얀 순백색에서 회색으로 얼굴색을 바꾸면서 부드러워지기 시작한다.

샤르륵 샤르륵 샥샥샥.

적절한 숟가락 놀림을 해주면 좀 더 효율을 높일 수 있다. 하지만 힘 조절을 잘해서 저어줘야지 안 그러면 균형을 잃고 텐트 안은 대형 참사가 일어날 수 있다. 시간이 지나고 겨우 1ℓ의 물이 만들어진다. 그것을 보온이 되는 날진 물통에다가 담고 남아 있는 눈 속으로 집어넣는다. 그러면 통 안에 든 물은 냉각 효과를 보고, 물이 되기 위해 대기하는 눈들은 조금 더 부드러워진다. 그리고 다시 물을 만들기 위해 그 얼음 덩어리를 집어넣는다. 이번에는 앞서 만들어 놓은 물을 한 접시 부어주면 이전보다 빠른 속도로 녹는다. 그리고선 앞선 작업을 반복하다 보면 이미 시간이 1~2시간 훌쩍 지나가고 있고 가스는 배가 고프다며 밥을 더 달라고 어리광을 부린다. 내가 지금 여기서 뭘 하고 있는 거냐…….

〈아콩카과 북면 노말루트 마지막 캠프(6,000m)에서 물을 만들며 쓴 일지〉

10일 차

Berlin Camp
(6,000m,
Camp3, 휴식)

10:00 A.M. 밤새 겨우 잠이 들었나 했더니 새벽에 숨이 잘 안 쉬어져 텐트 안에서 질식하는 줄 알았다. 얼른 저지대로 내려가고 싶다. 오늘은 인디펜덴시아Independencia라는 다 부서진 간이 대피소가 위에 있는데 그곳을 정찰 겸 다녀올 계획이었다. 그러나 계획했던 인디펜덴시아 정찰은 힘들 것 같다. 차라리 최상의 컨디션을 유지해서 내일 한 번에 성공하고 내려오는 것이 나을 것 같다. 그냥 가만히 짐 정리를 하면서 물이나 만들고 쉬어야겠다.

몸에 힘은 안 들어가지만 머리가 아픈 건 많이 나아졌다. 계속해서 물을 만들어야지. 그리고 많이 마셔야지. 오늘 새벽에 올라갈 짐을 작은 어택용 배낭에 따로 정리하고 고프로Gopro 카메라로 영상 촬영도 해본다. 오후가 되자 갑자기 단체 상업 등반팀이 2팀이나 올라온다. 다들 내일 나와 같이 크리스마스이브에 맞춰 등반할 목표로 올라온 것 같다. 썰렁하던 Camp3가 이제는 제법 꽉 차 있다. 그중 한 단체는 계

항상 텐트를 집어삼킬 듯한 매서운 바람과 어둠이
새벽을 요란하게 지나가고 나면
눈부신 파란 하늘이 텐트 밖에서 기다리고 있다.

속해서 나와 같이 올라온 팀으로, 반갑게 인사를 한다. 이 팀은 정상을 위한 팀이 아닌 줄 알았는데 의외였다. 난 오늘처럼 휴식을 취하는 날이나 하루의 일정을 끝내고 남는 시간에는 항상 크리스마스 분위기를 내기 위해서 산타 모자를 쓰고 홀로 mp3를 통해 캐럴도 들으면서 분위기를 만끽했는데 내일은 크리스마스이브이기 때문에 더욱 의미가 각별했다. 상업 등반대의 가이드와 포터(돈을 받고 짐을 실어 나르는 이들)들이 산타할아버지로 분장한 날 반갑게 맞이해주고 덕분에 그들의 텐트에서 끓인 물도 얻을 수 있었다.

"Hey! Papa Noel Donde va(이봐, 파파노엘, 어디가)!"

"니꼬(스페인 어식 나의 별칭이다), 언제 정상에 갈 거야?"

"나? 내일 새벽에 출발할 생각이야. 어제 도착했는데 머리 아파 죽는 줄 알았어. 오늘도 인디펜덴시아에 다녀오려고 했는데 그러지 못하고 여기서 쉬는 중이야. 그래서 내일 정상을 향해 한 새벽 3시 30분쯤에 출발하려고."

"우린 사람들 데리고 아침 6시에 출발하는데 왕복으로 넉넉잡아 12시간 잡고 있어. 너, 너무 빨리 출발하는 거야. 그러다 새벽에 얼어 죽어!"

"음…… 그래? 내가 그 시간에 일어나면 그렇게 가는 거고 안 되면 뭐…… 조금 더 늦게 출발하는 거지. 나 아침에 잘 못 일어나 하하."

"혼자서 여길 오르겠다니…… 그리고 이거 수프랑 땅콩인데 가져가서 좀, 먹어."

그러면서 먹을 것들을 꺼내 주는데 나 하나에게 주는 양인데 수프를 5개씩이나 주고 과자 등 먹을 것을 계속해서 주는 것이다. 너무 많다고 조금만 있으면 된다는 데도 많이 먹고 힘내야 한다면 이것저것 챙겨준다. 이러니 내가 이 친구들을 사랑하지 않을 수 있겠는가. 뭐라도 답례를 해야 할 것 같아서 대한민국의 거의 모든 사무실에서 애용하는 맥심 노랑이 5봉지와 고려 인삼차 3봉지를 줬다. 인삼차를 보고선 자기가 정말 좋아하는 거라며 고맙다고 한다. 어떻게 인삼차

산타 분장을 한 나를 기꺼이 자신들의 텐트에 초대한 멘도사 출신 친구들.
호기심 가득 찬 얼굴과 말투로 우리나라의 문화와
내가 사는 도시에 대해서 묻고 음식에 대해서 묻는다.
그리고 내가 걸어온 여정과 앞으로 나아갈 여정에 대해서도 큰 호기심을 보인다.
매년 시즌이 되면 이곳에서 가이드와 포터 일을 하는 친구들이
내게 적절한 충고를 해주었고 식량도 챙겨주면서 우린 금방 친해졌다.

를 아는지 모르겠는데 여유가 있었다면 더 주고 싶었다. 그리고 우리는 만약 내일 정상에서 보게 된다면 산타 모자를 챙겨가서 다 같이 사진을 찍자고 했다.

"Claro que si(당연하지)!!!"

오늘 저녁은 비빔면이다. 이것도 짜파게티만큼 참으로 오랜만에 먹어본다. 마찬가지로 파스타 면을 같이 섞어서 양을 늘리고 뜨거운 물에 담아 놓았더니 통통 잘 부었다. 물을 비우고 뜨거운 상태 그대로 먹는다. 식히기 위한 물도 없으

며 그러고 싶지도 않다. 뜨거운 비빔면을 먹으니 고등학교 시절이 생각난다. 만만한 선생님의 수업 시간에 땡땡이를 치고선 몰래 매점으로 가서 컵으로 된 비빔면을 1,000원에 산 뒤 매점 식당에서 식히지 않은 채 물만 버리고 맘 졸이며 먹다가 교무부장에게 걸려 교무실로 끌려간 적이 있다. 고등학교 1학년 때는 교무실에 참 자주 들락날락했다. 그때의 내가 10년 후에 이러고 있을 거라고는 상상이나 해봤을까? 해가 지기 시작하니 바로 손발이 얼어 버린다. 물은 이미 다 채워놓았고 새벽에 일어나서 마실 물과 밥을 만드는 데 사용할 것만 끓이면 된다. 지금도 이렇게 추워서 벌벌 떠는데 바람이 몰아치는 새벽은 얼마나 추울까?

용기 있게 단 한 번만 참자.

옷을 두껍게 재정비하고 침낭 속에 들어가 일찍 잠자리에 들어가려고 할 때 영화 속의 한 장면처럼 우연히도 1년 전 집 현관을 나오면서 아버지가 주신 편지가 구스다운 주머니 속 깊숙한 곳에서 꾸깃꾸깃해진 종이 쪼가리로 발견된다. 그때 당시도 겨울이었고 편지를 읽고선 그대로 여기에 넣어 놓았던 것이다. 평소 아버지와 나는 말을 거의 나누지 않는다. 어릴 적부터 환경이 그래서 굉장히 어색하다. 하지만 아버지는 내가 먼 길을 떠날 때 항상 손편지를 써서 내게 그 속 마음을 전하신다. 군에 입대할 때도 마찬가지였다.

아들에게 -

보다 넓은 세상에서 더 넓은 이상을 펼치며 몸과 마음을 닦았으면,
세상이 하도 수상하여 살기도 팍팍하고 힘들겠지만 어쩌랴
삶 자체가 전장인 것을
어쨌든 살아남으려면 지혜와 노력밖엔
항상 욕심을 줄이고 상대방을 먼저 배려하면
그런대로 살만한 세상이 될 것이다.
지난날 추억의 앨범을 뒤척이다가
사진과 함께 이런 글이 있더구나.
너에겐 보냈는지 모르겠지만
지금 나의 심정을 대신하여 옮겨 적는다.
물론 선상 생활 때 적은 것이고 사진 아래엔 1997년 8월 17일이니
네가 초등학교 1, 2학년쯤에 적은 것 같구나.
그런 아이가 지금은 이렇게 장정이 되었구나.
잘 자라 줘서 고맙다.

아들에게

아빠가 바라는 아들은 공부 잘하고 말 잘 듣는 그런 아들이 아니라,
자기가 할 일을 자기가 하고 스스로 한 일에 책임을 질 줄 알며
하고 싶은 일을 찾아 그 일을
성실하게 하는 사회인으로 키우는 것이 아빠의 바람이다.
좋은 학교에 가도록 권하기보다는
자신의 적성과 취향에 맞는 일을 소신껏 해 나가는 사람이 되기를
아빠는 뒤에서 돌봐 줄 것이다.

잘 다녀오너라.

그날 밤, 침낭 속에서 또다시 눈물을 흘리고 말았다.

11일차 -1부

Berlin Camp
(6,000m,
Camp3)

Independencia
(6,500m
05:45 도착)

02:15 기상. 새벽 2시에 기상해서 준비한다. 잠을 좀 빨리 취하려고 노력했는데 2시간 정도 잠을 자다가 텐트 밖에서 위급한 것 같은 폴란드 커플의 소리가 들린다. 잠결에 들었지만, 이들은 전날 정상을 갔다가 새벽인 지금에서야 이곳 Camp3로 하산을 한 것 같다. 도대체 무슨 일이 있었길래 올라갔다 내려오는 데 20시간이나 걸렸을까? 남자는 지쳐 쓰러지면서 신음을 낸다. 부디 안전하길 바라면서 잠을 청해보지만, 다시 머리가 깨질 듯이 아프고 잠도 안 와서 천천히 준비하기 위해 침낭 속에서 슬그머니 빠져나온다.

목표 출발시각은 새벽 03:30분. 처음부터 눈을 녹여서 물을 만들려면 상당한 시간이 걸린다는 것을 알기에 전날 미리 충분한 양의 물을 만들어놓고 끓이기만 하면 되는 상태로 식수를 만들어 놓았지만 다시 물통 속에서 얼어버렸다. 간단하게 뜨거운 물만 부으면 되는 건조 식량을 제대로 익히지도 못하고 딱딱한 상태로 꾸역꾸역 입으로 집어넣고 준비한다.

밤에 잠을 설치다가 새벽 2시에 일어나 준비를 하고 떠난다.
전날 미리 만들어 놓은 물은 얼어버렸고
다시 뜨거운 물을 만들 여유가 있지 않아
그냥 떠났는데, 이것이 화근이었다.

어차피 나는 여기서 나가야 하고 이 추위와 바람에 맞서 싸워야만 한다. 그렇게 용기 있는 생각을 하고 텐트 밖으로 나왔을 때 나는 입을 다물 수가 없었다. 정상 부위로 은하수가 펼쳐지면서 날 반겨주고 있었고 별똥별이 지나간다.

'그래! 방금 저 별똥별이 나의 소원을 들어줄 건가 보다. 지금은 춥지만 해가 뜨고 나면 오늘 분명 날씨가 좋을 거야.'

텐트를 바라보며 오늘 오후에 다시 볼 것을 기약하고 발걸음을 옮긴다. 달은 반달이었는데 워낙 밝게 떠서 크게 어둡지도 않다. 이제 안데스의 별들이 나를 안내해주고 있다. 출발 후 40여 분이 지났을 때 다른 텐트 안에서도 하나둘씩 불 켜지는 것이 보인다. 나는 그렇게 혼자서 크리스마스 캐럴을 들으며 혼자 정신 나간 사람처럼 노래를 부르며 떠났다. 새벽에 별빛을 바라보며 홀로 정상으로 떠나는 발걸음은 의외로 상쾌했다. 생각만큼 바람도 매섭지 않았다. 내가 오

텐트 밖에는 은하수가 날 반겨주고 있었고
별똥별이 떨어지면서 나에게 행운을 빌어준다.

새벽에 홀로 나서는 아콩카과는
사막 마라톤 당시 새벽에 홀로 가는 것과 비슷한 느낌을 안겨 주었다.
장비가 달라지고 환경이 달라졌지만
체감상 느끼는 분위기는 상당히 닮아 있었다.

늘 이 산에서 가장 일찍 출발한 거로 생각했는데 나보다 일찍 나선 사람이 2명이나 더 있었다. 처음 올라가고 있을 때 다른 쪽 능선 밑에서 하얀빛이 희미하게 보였는데 저긴 분명 지도상에 없는 곳이었고 그래서 정신을 덜 차린 내가 귀신을 보았거니 했다. 그렇지만 별빛이라고 넘기기에도 확실히 그 빛은 움직이고 있었다. 나를 향해 뒤로 돌아보면서 밝히는 불빛으로 인해 확실히 헤드 랜턴의 불빛인 것을 확신할 수 있었다. 물과 먹을 것들을 잠시 꺼내어 먹기 위해 발걸음을 멈춘 사이 발이 얼어버려서 계속해서 이중화 부츠 안에서 발가락을 움직여 줘야 했다. 나 또한 뒤를 돌아보면서 가는데 저 아래에선 이제 막 나와서 발걸음을 옮기는 불빛들도 보였고 텐트에서 방금 일어나 준비하는 불빛들도 보인다. 그래 이제 가는 거다. 우리 모두 다 같이 정상으로 가보는 거다!

약 2시간이 지났다. 아직도 보이지 않는 정상을 향해 힘겹게 오르다 보니 어느새 인디펜덴시아까지 오게 되었다. 10분 정도 쉬었다 가려 했지만 여기는 양쪽이 탁 트여 있는 능선 부위라 바람이 너무나도 심하게 분다. 언덕에는 눈이 많이 덮여 있어서 여기서부턴 크램폰을 착용하고 가야 할 것 같다. 하지만 그 순간 왼쪽 발가락에 감각이 없다. 충분히 춥다고 느끼고 있었고 발가락이 추워서 얼었다고 느끼고 있었지만 움직이려 애를 써도 전혀 반응이 없고 신호가 아예 전달되지 않는다. 올라오면서도 이중화 안에서 그리고 장갑 안에서 동상에 걸리지 않기 위해 끊임없이 움직이면서 왔는데도 당장 왼쪽 발의 상태가 좋지 않다. 어떻게든 몰아닥치는 바람을 피하려고 인디펜덴시아의 부서진 나무 조각 뒤로 가서 쭈그려 앉는다. 이중화를 벗고 손으로 열심히 문질러 본다. 조금만 지나면 당연히 괜찮아질 거로 생각하고 말이다.

인디펜덴시아.
개집처럼 생긴 이곳은 판자가 다 떨어져 나가 있어서 양쪽 골짜기에서 불어오는 매서운 바람을 피할 곳이 없었다. 이곳에서 고립된 채 사람이 오기만을 기다리고 있었고 뒤쪽으로는 서서히 세상의 끝에서 날이 밝아오는 모습이 보인다.

아주 열심히 10분여 정도 비볐을 때 아주 조금씩 살아나기 시작했다.

'그래 살아나고 있다. 조금씩 돌아오기 시작하고 있어. 얼른 회복하고 저 능선을 넘어 정상을 찍으러 가자'

한참을 그러고 있는데 수평선의 끝에서, 까마득한 어둠에서부터 아주 조금씩 주황색으로 세상이 물들어가기 시작한다. 내가 아무리 추웠어도 이 순간만큼은 평생 잊지 못하겠다. 365번의 해가 뜨고 지는 이 지구라는 세상에서 28년을 살아왔지만, 그것이 창조되고 세상을 밝히는 과정을 이렇게 높은 곳에서 천천히 지켜본 적은 없었기 때문이다. 해가 뜨면 조금 더 괜찮아지겠지.

그러고 20분. 시간이 지날수록 증세는 점점 심해져 갔다. 그간의 스키장, 군 시절, 겨울 산행 등 적지 않게 발가락이 얼어봤지만, 지금은 그것들을 초월한 느낌임을 단번에 알 수 있었다. 양말을 벗어보니 발은 이미 눈처럼 새하얗게 변해 있었고 피가 통하지 않았다. 온도를 조금이라도 높이려 입김으로 불어보기도 하면서 30분이 지났다. 해가 빨리 떠오를 것으로 생각했지만 그는 지구의 끝에서부터 아주 서서히 세상 모든 만물을 음미하며 떠오르고 있었다. 날은 점점 밝아져 갔지만, 직접 햇볕의 따사로움을 받기 위해서는 아직 한참 남았다는 사실을 알 수 있었다. 40분이 지났다. 점점 무서워지기 시작하고 수많은 생각이 머릿속을 스쳐지나 간다.

'지금 나는 고립되어 있다. 이대로 발가락 5개를 모두 잃을 수도 있다. 한국으로 돌아갈 때 목발을 짚고 혹은 휠체어를 타고 입국하면 어떡하지? 가족들과 친구들에겐 무슨 말을 해야 할까?'

어제 베테랑 가이드들의 한 마디가 머릿속을 맴돈다. "킴! 너 너무 빨리 출발하는 거야. 너 그러다가 얼어 죽어!"

아! 지금 어떻게라도 내려가야만 하나? 어차피 움직일 수도 없고 이미 반 정도의 높이를 올라왔다. 올라가도, 내려가도 마찬가지라는 소리다. 나의 뒤로 따라왔던 그 랜턴 불빛들이 도착할 때가 되었는데 왜 오지 않는 걸까? 피도 전혀 통하지 않는다. 그때부터 살기 위해 특단의 조치를 취하기 시작했다. 배낭에 들어있던 예비 재킷을 꺼내어 웅크린 채 발전체와 몸을 덮어쓰고 며칠간 빨지 않고 신었던 양말에 키스하듯 입술을 맞대고 마구마구 입김을 불어댔다. 그러면서도 몸의 체온을 유지하기 위해 필사적으로 움직이며 시간을 보냈다. 응급처치에 대해서 잘 알지 못하지만 그냥 본능에 맡겨 몸을 움직였다. 좀 더 효과를 내기 위해 양말을 다시 벗고 이번에는 발에다가 직접 입을 맞추어 불어댄다. 50여 분이 흘렀다.

'산이 날 받아주지 않는 건가……?'

물통의 물도 이미 다 얼어버렸다. 뜨거운 물을 만들지 않고 귀찮다고 바로 올라온 것이 너무나 후회 된다(겨울 산을 새벽에 출발하려면 무조건 뜨거운 물을 보온 통에 담아서 가져가야 한다). 사람들이 올라올 때가 되었다는 확신을 갖고 속주머니에 달린 휘파람을 꺼낸다. 위급한 상황을 알리는 구조 요청으로 휘파람을 마구 불어댄다. 하지만 아무런 응답도 없고 바람 소리만이 내게 들려온다. 이번엔 라이터를 꺼낸다. 너무 직접 뜨거운 불에 피부를 갖다 대면 증상을 악화시킨다는 걸 알고 있었지만, 임시방편으로 쓰기 위해 조금 조금씩 불을 쬐어보려 했다. 하지만 이 엄청난 바람 앞에서 작동이 제대로 될 리가 없었다. 헤드 랜턴을 오래 켜놓았으니 배터리 부분이 따듯하지 않을까 싶어 머리에 있던 걸 벗어 발에 대보았지만 이렇게 차가운 공기에서의 금속체는 더욱 차가웠다. 예비용으로 챙겨온 양말도 꺼내보았으나 신고 있던 양말 못지않게 얼어 있었다. 할 수 있는 거라곤 새벽에 보았던 불빛들이 올라오기까지 기다리는 수밖에 없었다. 더욱더 무서운 것은 나의 생각이었다.

'그래. 어차피 동상이 걸려서 어딘가를 잃어야 한다면 손가락이 잘리는 것보다 발가락이 없는 게 그래도 살아가는 데 덜 불편하겠지…….'

1시간이 지났다. 급기야 밑에 상황이 궁금해서 발을 절뚝거리면서 바람이 몰아치는 언덕으로 내려다보았다. 그제서야 사람이 보였다. 바로 대전산악연맹 조난구조대 형들이었다.

"형!".
"어~ 정철아."

날 보면서 상흠이 형이 미소를 짓는다.

"형! 뜨거운 물 있어요?"

앞뒤 설명도 없이 먼저 따듯한 물부터 묻는다.

"아니, 미지근한 물은 있는데, 왜?"
"저 동상 걸린 것 같아요. 빨리 와서 좀 도와줘요!"

그렇게만 외쳐두고 난 다시 바람을 피해 숨어서 기다리고 있었다. 잠시 후 도착한 상흠이 형이 물어본다.

"무슨 소리야? 동상이라니 어떻게 된 거야? 그리고 신발은 왜 벗고 있어? 내 겨드랑이에 발 넣어 빨리! 그리고 왜 이렇게 일찍 출발했어?"

자초지종을 말하면서 1시간이나 여기서 고립된 채 누군가 오기만을 기다렸다고 설명한다. 그러면서 자신의 구스다운 재킷을 열어 겨드랑이 사이로 발을 넣을 수 있게 활짝 펼쳐 준다. 차가워져 있는 내 신발을 반대편 겨드랑이로 넣으면서 말이다. 그렇게 한 20~30분이 지났다. 나는 움직이지 않는 상태를 고려해 계속해서 나머지 손가락과 발가락들을 움직였다. 서서히 잃었던 감각이 되살아나기 시작했고 날은 이미 완전히 밝아져 있었다.

"형 이제 된 것 같아요. 정말 감사합니다. 여기서부턴 크램폰을 착용해야겠죠?"

"응. 여기서부턴 착용해야 할 것 같아."

11일차 -2부

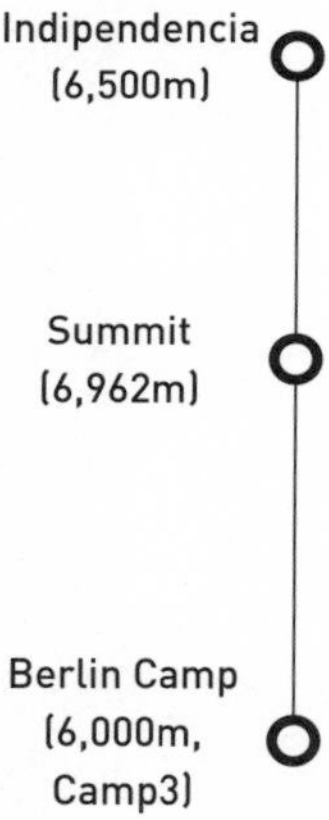

크램폰을 다 착용하고 출발하면서 다시는 이런 상황이 생기지 않으려고 계속해서 손발을 꼼지락거리면서 올라갔다. 나머지 구조대원 형들과 대장님은 이곳에서 조금 더 쉬다가 갈 예정인가 보다. 체력과 정신력을 조금 회복한 나는 가장 앞에 서서 최대한 빨리 올라가고 싶었다. 힘이 넘쳐서가 아니라, 햇빛을 느껴보고 싶어서다. 그냥 햇볕을 너무 만져 보고 싶었다. 그 따뜻함에 위로받고 싶었다. 아무리 뜨거워도 좋다. 그냥 저 따스한 햇살이 나를 포근하게 감싸 안아줬으면 좋겠다.

그러나 이 높은 아콩카과 산은 내가 쉽게 햇볕을 만지도록 허락하지 않았고 반대편 사면만 열심히 비추고 있었다. 이제는 도대체 어디가 산의 정상인지도 모르겠다. 보여줄 듯 보여주지 않는 그대의 모습에 난 이제 질려버리고 말았다. 항상 몸이 극한으로 힘들어질 때마다 드는 생각이지만 나도 이제 편하게 살고 싶다는 생각을 많이 한다. 점심 후 여자 친구와 커피숍에 가서 마구 수다를 떨며 커피를 마시고 싶다. 도서관에 앉아서 공부를 정말 열심히 해보고 싶다. 저녁에 친구들과 포장마차에서 삼겹살에 소주 한잔 하면서 전혀 생산성 없는 이야기일지라도 수다를 떨어보고 싶다. 극장에 앉아서 한 손에는 팝콘을 다른 한 손에는 콜라를 들고 영화를 감상하고 싶다. 그냥…… 그냥 사람들이 누리고 있는 보편적인 것들에 대한 욕구와 유혹이 계속해서 마음속으로 비집고 들어온다. 천천히 한 걸음 한 걸음 내딛을수록 중력이 자꾸 나를 아래로 끌어당긴다. 저쯤이 정상일 것 같은데…… 손바닥만 한 빛이 산 모서리에 자리 잡았다.

'그냥 내려갈까……? 내가 저기를 오른다고 혹은 오르지 않는다고 내 인생에 크게 달라질 무언가가 있을까? 정철아, 너 지금 여기서 뭘 하는 거냐? 무엇을 얻으려고 이곳으로 들어온 것이냐?'

불과 크게 떨어져 있지 않은 앞선 곳에서는 새벽에 나 보다 앞서갔던 2개의 랜턴 주인공들이 보인다. 그들이 나보다 훨씬 힘겨워하는 걸 알 수 있었다. 내가 동상 때문에 1시간 이상이나 더 지체했으니 지금이라면 저들은 정상에 가 있어야 하는데, 아직도 내 앞에서 끙끙대고 있다. 나보다 2, 3배씩 느리게 움직이고 힘들어하면서 말이다. 그럼 저들은 왜 저렇게 힘들어하면서 올라가나? 그들의 모습이 궁금해지기 시작한다. 다시 발을 내디딘다. 햇볕이 조금씩 아래로 내려오기 시작한다. 해가 있는 저곳에 일단 가겠다는 목표 의식이 생기고 1시간 뒤 끝내는 햇살에 도달할 수 있었고 따스함 속에서 난 퍼질러 앉아 버린다. 드디어 그토록 원했던(정상보다 간절했던) 햇살을 피부로 느낄 수 있었다.

한참 자리를 뜨지 않고 이 시간을 즐기며 주위 풍경들을 감상했다. 어느 정도 여유를 갖고 뒤를 돌아보니 더 이상 높은 곳으로 이어지지 않는 한 봉우리가 정상일 거라는 확신을 한 채 다시 올라가 본다. 이제는 정말 가까이 왔다. 뛰면 하늘에 닿을 것 같은 높이가 아니라 이미 하늘 위로 올라와 있다. 마지막 능선에 도착했을 때는 그곳이 아콩카과 남벽의 끝이었고 아래로 내려다보았을 땐 그 장관에 나도 모르게 탄성이 나왔다. 정말 끝내주는구나! 비탈길이 미끄러워 반대편으로 떨어질까 봐 무서워서 고개만 살짝 내밀고 바라보았다. 엄청난 각도로 깎여 있는 눈 사면이 반대편의 새로운 세상을 보여주었다. 이제 정말 약 200m만 앞으로 가면 정상이다. 몇 분 안으로 도착할 거로 생각했지만 마지막 200m를 가는 데 30분이 소요되었다.

한국 시각 2013년 12월 24일 11:00PM 정상 도착.

아콩카과 정상에서 바라본 남벽의 모습.
가파른 경사와 변덕스러운 날씨가 과거 3대 거벽의 위용을 보여 주고 있다.

나보다 앞서 올라가고 있던 희미한 랜턴불빛의 주인공은 독일인이었다. 힘겨운 시간들을 보내고 콧물이 고드름이 된 채였다. 환하게 웃는 모습으로 정상에서 볼 수 있었다.

나보다 조금 빨리 정상에 도착한 랜턴의 주인공, 2명의 독일인들의 사투를 보면서 나도 정상에 다다랐을 때 또다시 울컥했다. 한 친구는 새빨간 얼굴에 콧물이 얼어서 코에 고드름이 꽤 길게 나 있었다. 그들의 힘겨워하는 모습과 나의 모습이 겹쳐지면서 알 수 없는 감정이 또 나를 울게 했다. 이곳에 입산한 후 세 번째 눈물이다.

7,000m는 정말 높았다. 내 눈에 보이는 혹은 보이지 않는 세상 모든 것들이 나보다 아래에 있었다. 구름도 그중 예외는 아니었다. 태어나 처음으로 접하는 영역이다. 날씨도 매우 좋았다.

'청춘, 네가 어떤 삶을 살든 나는 너를 응원할 거야.'

이 메시지를 찍어 달라는 한 블로그 이웃의 부탁이 있었다.
그리고 이것은 정상에 섰을 때 내 가슴이 외치는 목소리의 대변이었다.

가파른 너덜지대가 위험하게 나 있다.
정상에서 내려갈 때는 특히나 체력 소모도 많이 되었고
균형을 잡기 어려운 부츠 때문에 자칫 실수하면
몇백 미터 아래로 떨어질 수도 있다.
또한, 낙석의 위험이 많아 아래에 사람이 있다면
돌이 굴러떨어지지 않게 조심해야 한다.

기념촬영을 하면서 나머지 구조대원 형들이 오기를 기다렸다. 사실 먼저 내려가서 쉬고 싶었지만, 한국 사람은 정이란 것 때문에 그게 쉽게 되지 않나 보다. 이 상황에선 누구라도 기다렸을 것이다. 형들도 4시간 전 나를 기다려주지 않았던가. 나머지 형들 2명이 많이 힘드신가 보다. 내가 올라오고 한참 뒤에서야 나머지 형들이 올라왔고 각자 사진을 찍은 뒤 바로 내려갈 준비를 했다.

산에서 완전히 내려와서 집까지 무사히 돌아갔을 때가 진정한 의미의 완등이라고 배웠다. 올라가는 것만 생각해서 체력을 다 소진해버리면 더 위험한 하행 길에 다칠 확률이 높기 때문이다. 게다가 발에는 이중화에 크램폰까지 찬 상태다. 돌을 한 번 잘못 디디거나 걸음걸이를 잘못하여 크램폰이 바지에 걸려 넘어지면 목숨을 보장받을 수 없다. 한 발 한 발 신중히 내디딘다.

'제발 조심히 그리고 신중히 내려가자!'

그런데 형들 2명이 여전히 상태가 안 좋은가 보다. 우리는 얼음 위에서, 그리고 돌과 흙 위에서 수없이 미끄러지고 자빠지며 내려갔다. 아콩카과를 등정하려는 산악인이 있다면 꼭 하산길에 조심하라고 말하고 싶다. 고산의 환경이 아닌 보통 환경에서 신체 건강한 남성도 잘 가다 균형을 못 잡고 넘어지고 미끄러질 수 있는 경사진 너덜지대다. 그런데

7천 미터의 고산에서 체력이 많이 소진되고 다리에 힘이 많이 빠진 상태에선 얼마나 더 이런 일이 빈번하게 일어나고 위험할까? 내려가다 보니 대행사에서 단체로 온 팀들이 힘겹게 올라오고 있다. 이러한 환경을 잘 아는 베테랑 셀파들이 헬멧까지 준비해온 모양이다. 올라오기 전부터 상태가 많이 안 좋았다던 구조대 형들과 함께 가다 쉬고, 가다 쉬고를 반복하면서 그나마 앉아서 쉴 수 있는 지역까지 도착한다. 거긴 이미 정상 가길 포기한 몇 명 외국인들과 대행사 가이드들이 앉아 있었다.

"킴! 정상 갔다 왔어? 몇 시쯤 출발했어?"

"응, 새벽 3시 30분에 출발했는데, 얼어 죽는 줄 알았어. 너흰 여기서 뭐 해? 쉬고 있어?"

"아니. 이 친구들은 힘들어서 여기서 정상가길 포기하고 나머지 사람들이 내려오길 기다리고 있어. 너희는?"

"우린 정상 찍고 내려오는 도중에 2명이 상태가 많이 안 좋아서…… 혹시 뜨거운 물 있어?"

"아니, 뜨거운 물은 없는데…… 에너지 젤이라도 하나 줄까? 사실 나도 우리 고객들 먼저 챙겨야 해서 줄 수 있는 게 많이 없어. 이거라도 받아."

그러면서 에너지 젤 하나를 주는 것이었다. 이미 내가 비상용으로 챙겨온 에너지 젤과 이온음료는 형들에게 건네준 상태였고 나도 남아 있는 거라곤 새벽부터 꽁꽁 얼어버린 물뿐이었다.

"혹시 여기서 구조대들을 부르면 헬기가 와? 아니면 그들이 직접 데리러 와?"

구조대형들이 물어봐 달라던 질문이었다.

"그들이 Camp2에서 직접 와. 그런데 무전기로 부른다고 오진 않고 직접 내려가야 해."

그 말은 누군가 한 명이 Camp2까지 구조대를 부르러 갔다가 같이 여기까지 다시 와야 한다는 말이니 10시간이 넘게 걸리는 미친 짓이었다. 그러면 밤이 올 것이고 물, 식량, 텐트 그리고 연료가 없는 현 상황은 최악으로 치달을 것이다.

"그냥 여기서 지금 당장에라도 최대한 빨리 Camp3로 내려가야 해. 얼른!"

그 말을 듣고 다시 움직이기 시작했다. 가장 연장자인 형이 빨리 내려가서 뜨거운 물을 미리 준비하고 있기로 했고 상태가 가장 좋았던 상흠이 형이 대장님과 함께 내려가고 내가 또 다른 형 한 명과 같이 내려간다. 하지만 내가 도와줄 수 있는 게 없었다. 그냥 뒤에서 페이스에 맞춰 따라가면서 사고 없이 안전하게 내려가자고 속으로 비는 것뿐. 우선 인디펜덴시아까지만 가더라도 거기서부턴 길이 그나마 부드러워진다.

너덜지대를 건널 때 크램폰을 착용했는데 균형 잡기가 어려웠다. 나는 눈에서 미끄러지는 한이 있더라도 착용한 크램폰을 벗어서 배낭 안으로 집어넣었다. 지속적으로 에너지를 보충하면서 수분을 섭취해야 하는데 그러지도 못했다. 조금만 참으면 된다는 걸 알기에 꿋꿋이 나아간다. 정신력만 버티고 있다면 지금부터 24시간도 더 버틸 수 있다. 발톱이 8개가 빠지고 진통제를 10알씩 먹어가며 사막에서 버텨 본 적도 있지 않은가. 나는 길도 알고 있고 지금 내 상황이 레이스를 하는 것도 아니기에 하루를 쉬든 이틀을 쉬든 내 마음이었다.

'흔들리지 말지어다.'

새벽에 어두워 보지 못했던 새로운 풍경들을 보면서 내려간다.
하지만 구조대원 힘들뿐만 아니라 나 또한
너덜 지대와 얼음 위에서 많이 굴렀기 때문에 상당히 지쳐 있었다.

인디펜덴시아에 다시 도착했다. 같이 가고 있던 형에게 나는 여기서 잠시 쉬겠다고 말씀드렸고 형은 먼저 천천히 내려가고 있겠다며 계속 발걸음을 옮기신다. 인디펜덴시아. 약 12시간 전 혼자서 발가락 잃을 상상을 하며 바람을 피해 햇빛이 오기만을 기다리고 있던 곳이 아닌가. 같은 날 같은 장소에서 햇빛을 받으며 거짓말 같은 휴식을 취하고 있다. 그렇게 무섭게 느껴졌던 이곳이 이제는 그냥 부서진 움막 혹은 잠시 쉬었다 가는 곳으로 보인다. 역시나 사람은 간사한 것일까?

다시 일어서자. 조금만 더 가면 된다. 큰 언덕 두 개만 내려가면 환영하는 깃발은 없어도 나의 텐트가 바람에 펄럭이며 날 기다리고 있을 것이다. 나는 승리했다는 마음보다는 많은 것을 비우고 온 가벼운 마음으로 내려갔다. 드디어 1시간 뒤 보금자리로 돌아올 수 있었다. 세계 각국의 깃발과 미디어 매체들이 촬영을 하고 있고 북소리와 구경꾼들의 환호성이 들렸던 사막 마라톤의 결승선과는 대조적으로 돌아온 Camp3는 허무할 정도로 썰렁했다. 오늘 올라온 1동의 텐트 빼곤 모두 정상에서 아직 내려오지 않았기에 더욱 텅 비어 있었고 한적했다.

구조대원 형들의 텐트에 가서 수고하셨다고 인사드리고 같이 식사를 했다. 아픈 형들은 밥을 안 드시고 누우러 가셨다. 그렇게 날이 점점 저물면서 정상을 다녀온 기나긴 하루가 끝나가고 있었다. 내가 정말로 정상 등정에 성공을 했는

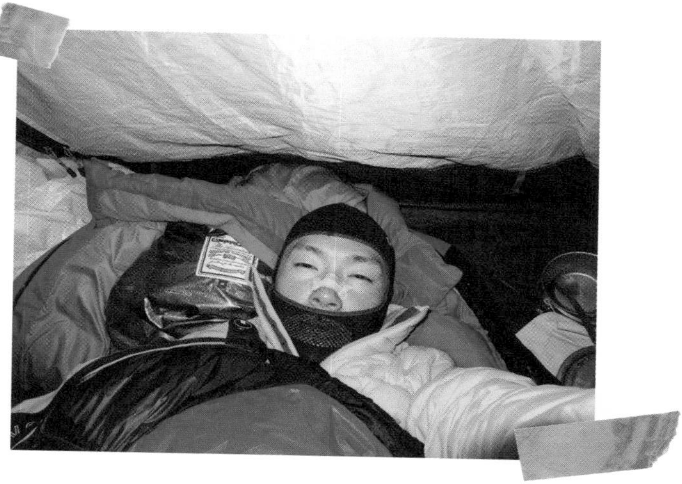

새벽부터 많은 일이 있었다. 고된 하루였지만,
기어이 정상을 찍고 돌아왔다.
몸은 많이 지쳐 있었지만, 이제는 내려갈 일만 남았기 때문에
마음을 어느 정도 내려놓을 수 있었다.
이날 밤, 처음으로 단 한 번도 깨지 않고 깊은 숙면을 취했다.

지 전혀 실감 나지 않았다. 아직도 나는 해발 6,000m의 캠프지에 있고 여전히 머리가 깨질 듯이 아프다. 다만, 그날의 피로 때문인지 긴장이 풀려서인지, 산으로 올라온 11일 중 가장 깊은 잠을 청할 수 있었다. 새벽에 소변을 누러 나가지도, 깨지도 않은 채 말이다.

12일 차

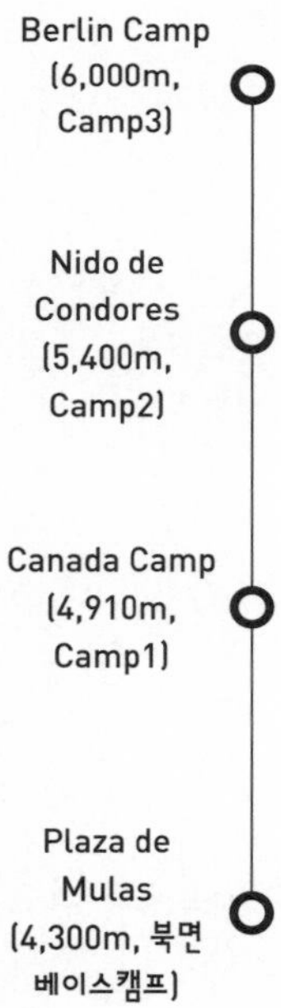

08:30 기상.

"정철아! 정철아! 일어나, 밥 먹으러 와."

텐트 밖에서 같이 아침을 먹기 위해 날 깨우러 온 익숙한 목소리가 들려온다.

"아……네, 형! 갈게요."

계획대로라면 어제 힘이 닿는 데까지 하산을 생각하고 있었지만, 생각보다 많은 힘을 썼고 충분히 피곤한 상태였기 때문에 Camp3에서 자고 오늘 베이스캠프까지 하산하는 걸로 계획을 바꾸었다. 나는 혼자이기 때문에 챙겨야 할 짐이 훨씬 많았다. 두 번에 나눠서 올렸던 짐을 한 번에 챙겨서 내려가야 하니 말이다. 한곳에 모여서 아침 식사를 한 후 몸이

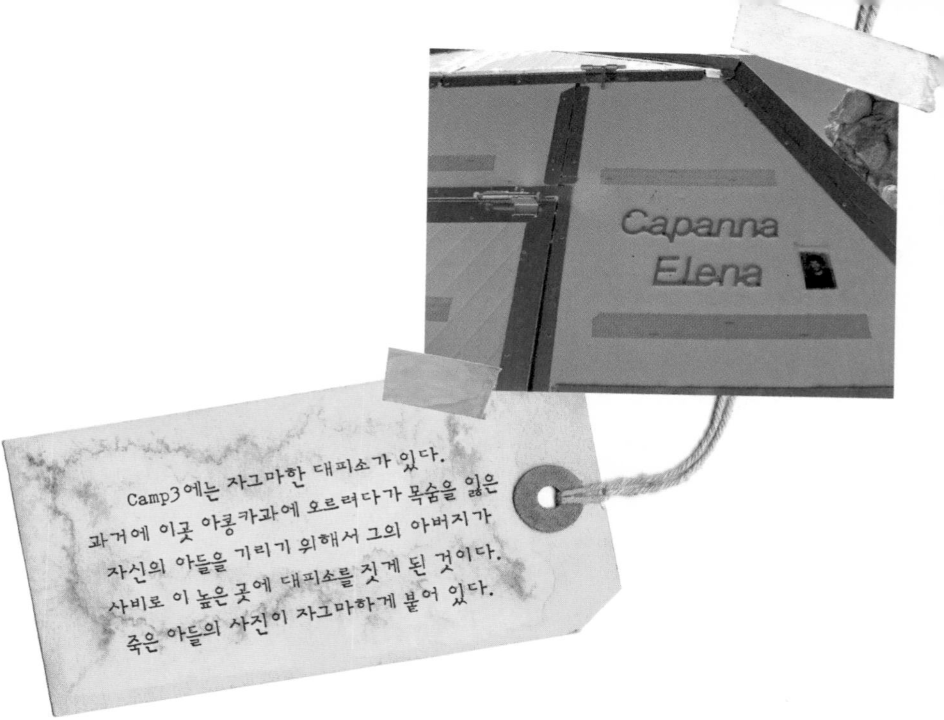

좋지 않은 형들을 오래 기다리게 할까 봐 얼른 먼저 내려가라고 말하고 나는 천천히 내 짐을 꾸렸다. 75ℓ 배낭과 33ℓ 소배낭 그리고 그동안 사용했던 쓰레기들과 나의 배설물들이 담긴 비닐봉지들까지 챙기자, 짐이 정말 산타할아버지만큼 많아졌다. 식량이 줄어들어 무게가 많이 가벼워졌음에도 아직 그 무게가 부담스럽다.

과거에 아콩카과에 오르려다가 목숨을 잃은 자기 아들을 기리기 위해서 그의 아버지가 사비로 이 높은 곳에 대피소를 지어 놓은 곳이 있다. 난 더 이상 나에게 무거운 짐만 되는 필요 없는 식량을 다른 이들의 위급한 상황을 위해 따로 정리해서 이곳에 놓아두고 갈려고 했는데 멀리서 지켜보

75ℓ 메인 배낭 + 33ℓ 어택용 배낭 + 그리고 흰 봉지엔
그동안의 쓰레기들과 나의 배설물이 들어가 있다.
저 흰 봉지가 폭탄인데 무겁다고 막 내려놓을 수도 없다.
잘못 내려놓아서 터지기라도 하면……
그 뒷일은 생각하기 싫어진다.

던 이곳 베테랑 가이드가 안 된다고 말한다. 비상대피소라면 단순히 바람을 피하고 몸을 숨기는 곳을 넘어서 당연히 비상식량도 비축을 해둬야 한다고 생각을 했는데 이런저런 이유를 대며 안 된다고 하니 난 그냥 수긍하고 배낭 안으로 집어넣었다. 오늘은 성탄절 당일이니만큼 산타 모자를 눌러쓰고 Camp3에서 마지막 기념사진을 하나 찍고 날 받아준 아콩카과에 인사를 하고 내려간다.

어깨를 묵직하게 누르는 배낭의 무게에 중심을 잘못 잡으면 정말 휘청거려서 사고가 날 정도다. 마지막 캠프에서 머물렀던 대부분의 팀도 오늘 하산하는가 보다. 내려가다 보니 내게 어깨 아플 때 붙이라며 파스를 건네줬던 베트남 친구가 산소마스크를 쓰고 내려가고 있는 모습이 보인다. 어제 정상 공격을 향할 때도 못 올라가고 중간에 쉬고 있더니 몸에 산소가 많이 부족한지 굉장히 힘들어 보인다. 파이팅으로 힘을 실어주고 내가 갈 길을 아주 천천히 그리고 조심히 내려간다. Camp2~Camp3 구간이 경사가 심해서 각별히 주의를 기울이면서 내려갔다. 신중에 신중을 기해서 발을 움직였기 때문에 훨씬 오랜 시간이 걸려 겨우 Camp2에 도착했다. 레스큐팀의 텐트로 가서 그동안 고마웠다고 크리스마스 인사라도 하고 내려가려 했더니 다들 크리스마스라서 아래로 내려간 건지 순찰을 나간 건지 문이 닫혀 있고 안에는 아무도 없다. 그들에게 산타할아버지가 선물을 남기고 가듯 'Feliz Navidad(메리 크리스마스)!' 쪽지와 함께 아까의 식량들을 잘 고정해 놓고 다시 자리를 일어선다. 하나둘씩 Camp2를 향해 올라오는 모습이 보인다.

나를 만나는 모든 이들이 처음에는 내가 쓴 산타 모자에 시선이 끌려서 쳐다보며 "Merry Christmas Santa Clous(메리 크리스마스 산타클로스)!" 혹은 "Feliz Navidad Papa Noel(메리 크리스마스 산타클로스)!"이라 인사를 하고선 나를 자세히 쳐다보는데 그때 내가 짊어지고 있는 짐의 크기와 양에 다시 한 번 놀란다. 지나가면 걷다 말고 다들 나를 쳐다보면서 눈이 휘둥그레져 '저 인간은 대체 뭐하는 놈이지?' 하는 표정을 짓는다. 그렇다. 나는 지금 포터보다 짐이 많다.

나를 만나는 모든 이들이 처음에는 내가 쓴 산타 모자에 시선이 끌려서 쳐다보며 "Merry Christmas Santa Clous(메리 크리스마스 산타클로스)!" 혹은 "Feliz Navidad Papa Noel(메리 크리스마스 산타클로스)!"라고 인사를 하고선 나를 자세히 쳐다보는데 그때 내가 짊어지고 있는 짐의 크기와 양에 다시 한 번 놀란다.

그렇다고 포터는 아닌 것 같고, 이곳 아콩카과 국립공원을 관리하는 레인저라고 보기엔 복장이 아니고 생김새도 동양인처럼 보일 것이다. 장비를 봐선 정상에서 내려오는 것 같은데 머리에는 산타 모자를 쓰고 있다. 내가 생각해도 이런 내 모습이 수상하고 호기심이 생긴다.

어쨌든 이런저런 생각을 하면서 내려가니 어느새 다시 Camp1까지 올 수 있었고 거기서 간식거리도 좀 먹을 겸 긴 휴식을 취한다. 약 일주일 만에 내려온 camp1엔 단체로 온 팀이 많아 내가 있었을 때보다 훨씬 많은 이들이 캠프를 구축해놓고 있었다. 진짜 본격적인 성수기가 시작하는 분위기다. 과연 저들 중 몇 %나 성공할 수 있을까? 나와 같은 날에 도전했던 팀들은 11명 중 4명만이 성공했다고 한다. 보통 이 아콩카과에 오르기 위해서 도전하는 이들 중 대략 30%만이 등정에 성공한다고 한다. 보통 이런 해외원정은 준비 기간이 약 1년에 달하고 자기 지역에서 혹은 자기 나라에서 산을 꽤 잘 탄다는 베테랑 형, 누나들이다. 그렇기에 난 아직도 나 스스로 올라간 것에 대해 실감 나지 않지만 한 가지 확실했던 건 산을 대하는 내 마음만큼은 진심이었다.

나는 아무리 춥고 힘들고 피곤하더라도 매일 밤 잠자리에 들기 전에 동서남북으로, 산을 향해서 그리고 멘도사 시내가 있는 곳을 향해 무사히 내려갈 수 있도록 절을 했다. 그리고 대한민국이 있는 곳을 향해서 절을 하면서 무사히 조국으로 돌아갈 수 있길 빌었다. 나의 모든 시간과 생각들을 산에 집중하려고 노력했고 산에 발을 들이고 난 후로는 이미 자연 속에 머무는 하나의 아주 작은 존재로서의 '나'가 되어 있었다.

Camp1까지 내려왔지만 아직도 베이스캠프가 까마득히 아래에 있고 시간이 꽤 지나 있었다. 먼저 내려간 구조대원 형들이 내가 내려올 시간이 훨씬 지났음에도 내려오지 않아서 걱정까지 할 수 있을 만큼의 시간이 지나갔다. Camp2~Camp1은 상대적으로 완만했지만 또 Camp1~베이스캠프 구간은 경사가 심해진다. 중간중간 가면서 잦은 휴식을 취했다. 가방을 내릴 때도 혹시나 대변 봉투가 터지지 않게 조심해야 했다. 나는 무게가 무거워 천천히 내려가고 베트남 친구는 몸 상태가 안 좋아 산소마스크를 쓴 채 가이드들과 함께 천천히 내려가다 보니 우린 거의 비슷한 속도로 일정한 간격을 두고 내려가고 있다. 난 중간에 쉬면서 가방을 내리다가 날진 물통을 하나 떨어뜨리고 왔나 보다. 그래도 여태껏 제 역할을 모두 다 하고 없어져 줘서 참으로 고맙다. 드디어 홈 타운이라 할 수 있는 베이스캠프에 도착했다. 참으로 이곳이 그리웠다. 내려가자마자 멘도사 출신 친구 장고에게 인사를 하러 갔다. 진심으로 날 반겨준다.

"오 킴! 잘 갔다 왔어? 어떻게 됐어? 정상 찍었어?"

"응! 당연히 도달했지! 어제 성공했어!"

"야! 멋지다! 축하해!"

그런 대화 중에 그 친구의 다른 동료들도 몰려와 서로 빙글빙글 돌면서 서로 껴안기 시작했고 한참 그 기쁨을 방방 뛰면서 함께했다. 그렇게 격렬히 환영받고 날 기다리고 있을 형들이 있는 쪽으로 내려가려는데, 의도하진 않았지만 나와 일정이 계속 같아서 자주 마주쳤던 베트남 친구가 있는 11명 팀의 대형 텐트를 지나가게 됐다. 그들도 막 내려와서 대행사에서 준비해놓은 식사를 하면서 서로를 축하하고 위로하고 있던 모양이다. 나는 고개만 내밀고 축하한다는 인사를 건네줬다. 정상을 성공했든지 못했든지 무사히 다들 내려왔으니 축하할 일이었다.

“킴! 안 들어오고 뭐 해? 얼른 들어와!”

나와 Camp3에서 산타 모자로 장난을 쳤던 대행사 가이드 한 명이 외쳤다. 하지만 다들 비싼 돈을 내고 사용하고 있는 그들의 자리고 그들의 시간이기에 망설여졌다. 하지만 대행사 직원들뿐만 아니라 서비스를 이용하는 개인들도 와서 한잔하라고 나에게 기꺼이 호의를 보이기에 발을 들였다.

“콜라 마실래? 아니면 맥주는 어때? 햄버거 하나 남은 거 있는데 줄까?”

“Cualquiera(뭐든 다)!!”

“……?”

그렇다. 그들은 대부분 미국, 유럽 등 영어가 모국어거나 익숙한 나라에서 온 이들이었고 난 지금 영어보다 스페인 어에 훨씬 익숙해 있었다. 영어로 알아듣고 스페인 어로 대답했던 것이다. 그들 중 누군가 말한다.

"He wants everything(다 좋대)!!"

내가 들어온 이후로 모든 시선이 나에게 집중된다. 내가 알아듣기 쉽게 천천히 영어를 쓰려고 노력하면서 그들도 능숙하지 않은 스페인 어로 내게 이것저것 물어본다. 그리고 나는 무척 고마우면서도 조금 놀랐다. 그들의 눈빛과 행동에서 그리고 말투에서 나를 존경해주고 있다는 걸 알 수 있었기 때문이다. 내가 그들보다 잘났거나 크게 존경받을 만한 걸 이룬 업적도 당연히 없다. 하지만 단지 그들이 내가 일본인이나 중국인이 아닌, 한국인이라는 것만 기억해줬으면 좋겠다. 왜냐하면 이런 것이 바로 애국 아니겠는가. 좀 과장해서 말하자면 스포츠 외교 정도라 할 수 있겠다(그래, 이건 오버인듯하다. 내가 김연아 여신님 정도면 모를까).

대충 분위기가 그들의 시간으로 되돌아갔을 때 난 눈치를 보고 자리에서 일어나서 마지막 인사를 하고 형들이 있는 텐트로 갔다. 날 기다리고 있던 형들은 내가 내려와도 한참 전에 내려왔어야 했는데 시간이 지나도 소식이 없어서 걱정을 많이 했다고 하신다. 지금 막 무전을 통해서 Camp2에다가 물어보려다가 내가 내려오는 것을 보고 무전기를 내려놨다고 한다. 이쯤 되면 전체 산행에서 90%가 끝났다고 말할 수 있을 것 같다. 마지막 하행 카라반이 길게 남아 있긴 하지만, 더군다나 멘도사까지 짐과 함께 무사히 돌아가야지 산행이 완전히 끝난 것이지만, 오늘 밤은 안심하고 먹고 놀 수 있을 것 같다. 위에서 부족하게 먹었던 음식들을 실컷 보충해야지. 형들의 대행사에서 포도주를 얻어 와서 실컷 먹어야지. 오늘은 일어나는 시간도 생각하지 않고 푹 자야지. 그리고 푹 쉬어야지.

의도하지 않았지만 같은 날 입산하여 같은 날 정상을 향해 도전했고

같은 날 하산을 했던 11명의 대원들과 가이드들.

내가 내려오자 기쁘게 반겨주었고 모습이 안타까워 보였는지

그들의 보금자리로 초대하여 먹을 것들을 대접해준다.

영어보다 스페인 어가 익숙했던 나에게 알아듣기 쉽게

천천히 영어로 말해주었고,

그들에게도 익숙하지 않은 스페인 어로 나에게 질문을 하기 위해 노력했다.

난 그들의 눈빛, 말투

그리고 행동에서 많은 위로를 받았다.

내가 산에서 무사히 내려오자 이 친구들은 진심으로 날 축하해줬고 반겨
주고 서로 껴안고 방방 뛰어다녔다.
나의 산타 모자를 보자 자기도 머리에 쓸 게 있다며 가발을 챙겨 와서
서로 바꿔서 단체로 사진을 찍었다.
참고로 장고라고 했던 친구는 사진을 바라보고
나의 오른쪽에 어깨를 내주고 있는 친구다.
이 사진을 볼 때마다 이때가 매우 그립다.

13~14일 차

Plaza de Mulas (4,300m, 북면 베이스캠프)

Mendoza

전날 밤 여기선 공짜나 다름없는 멘도사 지방의 고급 와인을 나의 설득력을 발휘하여 양껏 얻어와 축배를 들었다. 이 분위기는 비단 우리뿐만 아니라 등정에 성공한 다른 팀에서도, 그리고 크리스마스를 보내는 모든 공원관리자들과 물라 대행사 직원들 그리고 포터들에게도 마찬가지였다. 밤이 깊어 갈수록 춤과 노래는 더욱 커져만 갔다. 어느 정도 분위기가 달아올랐을 때 상흠이 형이 술을 더 구해오겠다며 텐트를 나가신다. 그러더니 10분 정도 지나자 뒤에 사람들을 가득 데리고 나타난다. 포터들이었다.

"야 정철아, 얘들 뭐라 하는지 하나도 모르겠다. 대화 좀 나눠봐."

무슨 영문인지 한참 대화를 나눠본 결과는 이랬다. 술도 마셨고 기분도 좋아진 상흠이 형이 술이 다 떨어지자 자신의 물건 중 하나를 가지고 포터들이 머무는 텐트로 가서 그들이 갖고 있는 포도주와 전문 등산 장비를 맞바꾸려 했던 것이다. 포터들은 그 장비가 꼭 필요했지만 대화가 안 통하다 보니 무엇 때문에 그곳에 온 지 영문을 몰라 내게 이 상황을 설명하기 위해서 온 것이라고 한다. 약 10명이 되는 포터들이 기대에 가득 찬 눈빛으로 우리 텐트에 들어와 나의 통역을 숨죽이며 기다리고 있었다.

"그러니까, 저 형이 이걸 너희에게 선물하고 싶어서 갔던 거였어. 그런데 너희도 이 장비가 꼭 필요하다 이거지?"

"응. 당연하지! 우린 이 생활을 업으로 삼고 있는데 장비도 부족하고 기존에 쓰던 것들도 다 낡아서 무슨 장비든지 필요해. 우린 한국의 장비들이 얼마나 좋은지 잘 알고 있어. 이번에 신입이 들어왔는데 이 친구 쓸 장비도 많이 부족해서 어려움을 겪고 있어."

그 신입이라고 말한 친구는 아주 왜소한 체격에 앳된 얼굴이었으며 나이를 물어보니 17살이라고 한다.

"음…… 좋아! 이 형들도 한국에선 한 지방의 산악구조대이기 때문에 너희랑 많은 부분을 공감하나 봐. 그런데 혹시 포도주 좀 있어? 우리가 술이 다 떨어져서 말이야, 하하하."

"당연하지! 여긴 멘도사라고! 몇 병이나 필요해?"

"뭐, 우선 한 3병 정도? 그리고 말벡Malbec 있으면 그걸로 부탁해. 난 말벡 품종이 좋아서 말이야, 헤헤."

그러자 막내이자 신입이라던 친구가 얼른 뛰어가서 가져온다. 그리고 물건을 받고 좋아하는 모습을 보면서 다른 형들도 고산용 장갑, 겨울용 등산복 등을 아낌없이 꺼내서 나눠준다. 이들은(포터들의 캡틴부터 가장 노련하고 경험이 많은 베테랑에 이르기까지) 모두가 낡고 헤어진 장비와 옷들을 입고 있었다. 역시나 장비가 다가 아니라는 생각이 들어 스스로 반성하게 된다.

그들도 무언가를 보답하고 싶었는지 막 텐트로 허겁지겁 달려가더니 티셔츠를 하나 내게 건네준다. 아르헨티나 축구의 전설 마라도나가 활동했던 명문클럽인 '보카 주니어스Boca Juniors'의 팀 복이었다. 이 여정 뒤에 파타고니아Patagonia를 지나 부에노스아이레스로 갈 계획이었던 나는 이 셔츠를 아주 소중히 간직했다. 그리고 부에노스아이레스의 수많은 길거리 기념품 상에서 판매되는 메시와 마라도나의 국가대표팀 의상과 보카 주니어스의 레플리카replica; 복제품를 보면서 '진짜 특별한' 것을 가진 나는 당당할 수 있었다.

형들이 포도주를 따서 한국식 술자리를 가르쳐 줘야겠다며 포터들의 캡틴부터 순서대로 돌아가며 한 잔씩 돌린다. 그리고 그다음 순서로 잔을 따르고 마시고 다시 주고받고를 반복한다. 한국에서는 두 손으로 따르고 받는 것이 상대방에 대한 예의라는 것도 이들에게 알아듣기 쉽게 설명해주었다. 처음에는 새로운 관습에 어리둥절했지만 2~3잔이 돌아가고 나니 제법 적응이 되었는지 그들이 먼저 적극적으로 나이 순서에 따라 술을 권한다. 분위기가 무르익을 때쯤 내일도 일이 있느냐고 물어보았다.

“응. 내일도 새벽 6시에 일어나서 Camp2까지 짐을 올려놓고 내려와야 해.”

“아, 그렇구나. 얼른 이제 들어가서 자야겠네.”

난 적절히 이들의 입장을 고려해 형들에게 잘 설명한 뒤 그들의 텐트로 돌려보낸다. 마지막으로 서로가 깊은 포옹을 나누었다. 그러나 이런 와중에도 구석 한 모퉁이에서 우리와 합류하지 못하고 종일 누워만 있는 사람이 있었다. 구조대의 대장님이었다. 한국에서부터 허리 수술로 인해 운동을 오랫동안 쉬시다가 이번 원정에 좋지 못한 컨디션으로 출발하셨다고 한다. 베이스캠프를 떠나기 전에도 몸 상태가 썩 좋지 못하셨는데, ‘대장’이라는 책임감으로 무리해서라도 대원들과 함께 정상에 도착했다.

하지만 내려올 때가 문제였다. 우선은 무조건 낮은 고도로 내려가야 했기에 울며 겨자 먹기로 베이스캠프까지 내려왔다. 하지만 이곳에 온 뒤로 제대로 앉을 기력조차 없으신가 보다. 특히 음식을 계속해서 못 드시고 물도 마시지 못한 채 위액을 뱉어내셨다. 베이스캠프에 도착해서 안심은 되지만, 앞으로 또 10시간 정도 이어질 하행 카라반이 남아 있는 상태다.

소박한 크리스마스 축제의 밤이 끝나고 아침이 돼서 대책을 세워야 했다. 우선 대장님을 내려보내야 하는데 며칠간 먹은 게 없으니 에너지가 남아 있질 않으셨다. 그래서 우선 메디컬센터에 가서 진단을 받아보고 포도당과 같은 링거를 요청해 볼 생각이었다.

의료진이 머무는 막사 앞에서 기다리면서 오전 9시가 되자마자 문을 두드려 상황에 대해 말했다. 의료진 측은 본인이 직접 올 것을 요구했으나 전혀 움직일 수 없는 상황이라고 잘 설명을 하고 텐트를 알려주며 가까우니까 한번 같이 가보자고 양해를 구했다. 상황의 심각성을 더 알아보기 위해서 이곳 아콩카과 국립공원의 관리 대장과 의료진이 함께 방문하였다. 그들은 언제부터 이런 현상이 일어났고 마지막으로 먹은 음식이 언제이며 하루에 물을 몇 리터씩 마셨는지 등에 대해 질문을 하였다. 대장님의 얼굴은 이미 미라처럼 홀쭉해졌고 입술도 다 갈라져 있었으며 얼굴에는 핏기가 없었다.

하지만 그들은 현재 링거를 보유하고 있지 않고 설사 있다고 하더라도 이런 상황은 우선 음식을 제대로 먹고 물을 적당량 섭취하는 것이 최우선이기에 놓아줄 수가 없다고 한다. 그리고는 음식을 먹고 소화하는 데 도움을 주고 구역질을 덜 하도록 해주는 주사와 약을 처방해준다. 그렇지만 상태가 전혀 호전되지 않는다. 우리는 소화에 편하고 속에 거부감이 덜한 누룽지, 설탕물, 이온음료 등을 드시게 하려고 갖은 노력을 해보았다. 하지만 역시나 제대로 드시질 못하셨다. 대장님은 얼른 큰 병원에 가서 제대로 된 진찰을 받고 혈액으로 영양분을 직접 공급받길 원하신다.

같은 날 오후 다시 대책 마련에 들어갔다. 우선은 빨리 지대가 낮은 곳으로 대피하는 것이 우선이고 멘도사 시내에 있는 큰 병원으로 가서 제대로 된 진찰을 받아야 했다. 크게 두 가지 방법이 있는데 하나는 물자를 수송하는 물라를 이용하여 대장님을 태워 보내고 나머지가 뒤따라 천천히 내려가는 방법과 다른 하나는 이러한 응급상황을 위해 대기하고 있는 국립공원의 헬기를 이용하는 방법이었다. 전자는 물라라는 짐승이 사람이 걷는 속도보다 3~4배는 빠르다고 하지만 지형이 위험해서 균형을 잘 잡아야 한다. 그러나 계속해서 흔들리는 데다 그 충격이 전해지기 때문에 구토 증세가 심한 현 상태로썬 무리였다. 그렇다면 헬기를 이용하는 방법밖에 없었다.

나는 다시 의료진 막사에 문을 두드려 상황을 말했지만, 결국엔 위급 사항으로 헬기를 부르기 위해선 의사의 진단이 있어야 했다. 그러나 이들의 판단엔 아직은 '당장 죽을 상태'

는 아닌 것이다. 나의 마지막 카드는 형들이 고용한 물라 대행사에 문의하는 것이다. 이들은 아콩카과 상업 등반대를 운영하는 물라 대행사 중 가장 큰 곳이었고 결국 국립공원의 관리자들과도 밀접한 관계가 있었다. 나는 하루빨리 멘도사 시내의 큰 종합병원에서 제대로 된 검사와 원인을 규명해야 하는 것을 강조하였고 이들은 오늘 저녁까지 답변을 주겠다고 한다.

그렇게 다들 초조하게 결과를 기다리면서 조용히 저녁을 짓고 있었다. 멘도사로 돌아가게 되면 무엇을 가장 먼저하고, 어떤 걸 먹고 싶은지에 대한 얘기를 하는 도중 누군가 텐트 문을 열면서 들어온다. 물라 대행사 INKA의 베이스캠프 관리자 안드레사였다. 내일 오전 9시에 헬기가 이곳 앞에 도착할 예정이고 무게 제한 때문에 최대 3명만이 헬기에 탑승할 수 있다는 말을 전해준다.

드디어 이곳을 떠날 수 있게 되었다. 이제는 헬기에 탈 3명을 결정하는 일만 남았는데 당연히 환자인 대장님을 비롯하여 가장 연장자이신 명락이 형이 타게 되었다. 병원에 가서도 상황과 증상을 설명해야 할 통역이 필요했으므로 나 또한 운 좋게 타게 되었다. 나머지 형들 2명은 정상적으로 되돌아가야 하는데 약 10시간을 소요 시간으로 잡았다. 걸어가는 형들은 아침 식사만 간단하게 하고 헬기가 도착하기 전에 빨리 출발하기로 하였고 나머지 뒷정리는 나와 명락이 형이 한 다음 헬기를 타고 떠나기로 했다.

베이스캠프에 도착한 헬기 모습.
첫날 국립공원 입구에서 대기하고 있던 헬기가
이렇게 2주 뒤에 나와 인연이 될 줄은 생각지도 못했다.
폐부종에 걸린 일본인(파란색 구스다운점퍼)이 레인저들의 도움을 받아
응급 수송을 기다리는 중이다.

다음 날 아침, 혹시 모를 상황에 대비해 나는 형들에게 공원 입구에서 한 번 그리고 멘도사행 버스를 타는 곳에서 한 번씩 보여줄 쪽지를 스페인 어로 적어 드렸고 멘도사에 먼저 도착해서 머물게 될 숙소의 주소와 이름 등을 이메일로 알려주기로 하고 형들을 먼저 보냈다. 우리 후발대도 준비를 끝내 놓고 시간에 맞추어 미리 헬기장으로 나가있는데 갑자기 한 무리들이 급하게 달려온다. 공원의 관리대장과 의료

진 그리고 이곳에 입산한 지 얼마 안 된 일본인들이었다. 상황이 급박해 보였고 도착한 헬기가 우선 이들을 먼저 태우기 위해 온 것이라는 걸 직감할 수 있었다. 무슨 상황이냐고 물어보자 이틀 전 베이스캠프에 도착한 일본 팀 중 한 명이 고산에 적응하지 못하다가 결국 폐부종에 걸렸다는 것이다. 고산에서 가장 위험한 상황이라 할 수 있는 것이 폐부종과 물뇌증인데, 간단히 말해 산소 부족으로 폐와 뇌에 물이 차는 것이다. 즉시 저지대로 내려가지 않으면 목숨을 잃을 수도 있다. 함께 온 팀원들은 제대로 시작도 못 하고 병에 걸려 헬기를 타고 떠나는 동료의 모습을 시야에서 사라지고 나서도 한참을 경건하게 지켜보았다. 걱정과 미안한 마음이 가장 컸을 것이다.

자신들의 동료를 태운 헬기가 떠나고 프로펠러 소리가 더 이상 들리지 않는 한참 후에도 자리에서 떠나질 못하고 바라만 보고 있는 일본 팀.

헬기 탑승 후 프로펠러가 더욱 빠르게 구동되면서 순식간에 날아올랐고
아롱카과를 향해 작별 인사를 할 틈도 없이 떠난다.
인간의 힘으로는 열심히 올라가야 최소 며칠이 걸리는 거리를
과학 기술은 그것을 단 6분으로 바꾸어 놓았다.

20여 분이 지나자 다시 헬기가 돌아왔다. 안내에 따라 안전하게 탑승하고 안전 띠를 하니 곧이어 돌아가고 있던 프로펠러가 더욱 힘차게 추진하면서 날아오른다. 대장님께선 뒷좌석에 앉아 이번 등정이 히말라야 K2 등반 때보다 더 힘들었다고 실토하신다.

산을 오르면서 13일 동안 혼자 도전해보겠다며 고군분투했던 시간이 지금은 단 6분 만에 지나가고 있다. 인간 스스로 자연에 순응하면서 오르는데 꼬박 13일 걸렸는데 과학은 이것을 고작 6분으로 바꾸어 놓았다. 땅에 있을 때 나는 자연 앞에서 한없이 작은 존재였는데, 헬기를 탄 나는 같은 대

상을 하늘에서 조망하며 마치 레고 장난감을 보듯이 바라보고 있다. 사막 마라톤 4일 차에 마지막 캠프를 남겨 놓고 고군분투하던 길목에서 온천을 즐기고 있던 관광객들을 바라봤던 나의 시선과 겹쳐진다. 그들은 그때 이런 모습으로 나를 바라보고 있었을까? 생각이 조금 더 깊어진다. 사람도 자연의 한 일부니 이 자연을 즐길만한 자격이 있는 것일까? 그렇다면 어디까지가 즐거움이 허용되는 범위고 어디서부터 파괴의 단계인가? 가끔은 우리 스스로에게 이런 질문들을 던져보는 것이 필요한 것 같다. 그리고 스스로 그 기준을 세워보는 것은 건강한 태도라 생각한다. 그렇지 않으면 인간도 자연의 일부고 더 나아가 우주 전체를 놓고 보았을 때 먼지보다 못한 존재라는 것을 인식하지 못할 테니까. 행성의 주인이라는 잠재의식 속에서 큰 것을 보지 못하고 작은 것에만 집착하다 생을 마감하는 실수를 범하게 될 테니까.

어느새 공원 입구 오르코네스Horcones에 도착하였다. 아콩카과 정상보다 4,000m나 낮은 곳이지만, 아직도 해발 3,000m에 달한다. 정상에서 내려온 자들에겐 이곳이 상대적으로 저지대지만, 고산을 한 번도 경험해보지 못한 이들에겐 이곳도 굉장히 높은 곳이다.

공원 입구 쪽으로 내려갈수록 당일치기로 들린 일반 관광객들과 3~4일짜리 단기간 트레킹을 온 사람들이 많이 보인다. 공원을 나갈 때도 마찬가지로 Check-out을 해야 하는

Horcones

공원의 입구인 오르코네스.
정상보다 4,000m나 낮은 곳이지만 아직도 해발 3,000m에 달한다.
고산을 한 번도 경험해보지 못한 이들에겐 이곳도 굉장히 높은 곳이다.
공원 입구에는 당일치기로 들린 일반 관광객들과
3~4일짜리 단기간 트레킹을 온 사람들이 많았다.

데, 특히 정상을 위한 20일짜리 허가서Permit를 받은 등산가들은 그동안의 여정 동안 모아온 번호가 찍힌 쓰레기봉투를 반납하고 무사히 돌아왔다는 통보를 해줘야 한다. 그렇지 않으면 꽤 많은 액수의 벌금을 물어야 한다.

사무실 안에는 아콩카과 국립공원의 각종 지도와 역사, 그리고 서식하는 동식물들을 다양하게 소개해 놓았다. 우리는 하루에 몇 대 없는 버스를 기다릴 시간이 없었다. 형들이 계약해놓은 물라 대행사의 승용차를 급하게 얻어 타고 가지만, 멘도사까지 가려면 4시간이 더 걸린다. 가보지 않으면 공감하지 못할 광활한 아르헨티나의 대륙에서는 4시간이면 비교적 짧은 거리다. 길은 2차선이지만, 워낙 큰 땅이고 차도 많이 다니지 않아서 엑셀을 마음껏 밟고 광활한 대지를 누빌 수 있다.

나에게 묻고 싶다. 내 청춘은 이곳처럼 광활하고 꾸밈없는 대지로 이루어져 있는가? 난 내 청춘의 시간들을 속도 제한없이 시원하게 한번 밟아보았는가? 그 답이 YES라면, 언제 또다시 이렇게 시원하게 한번 달려 볼 수 있을까?

빨리 병원으로 가기 위해 우린 버스를 이용하지 않고 대행사의 승용차를 이용하였다.
다행히도 형들이 계약한 서비스엔 이 이용 요금이 포함되어 있었다.
아콩카과, 느리게 올라가면서 그녀를 천천히 느끼며 알아갔던 과정과는
너무나 대조적으로 인사를 할 틈도 없이 급하게 내려와 버렸다.

언젠가 다시 한 번 그대에게 가리라.

그리고 꼭 이 말을 전하리라.

고마웠다고.

아콩카과 TIP

• 남벽 코스

잉카 다리(Puente del Inca) – 오르코네스(Horcones; 공원 입구) – 콘플루엔시아(Confluencia; 3,400m) – 플라자 데 프란시아(Plaza de francia; 4,300m)

⇒ 아콩카과에 입산하는 대부분의 사람들은 이곳 남벽 코스를 베이스캠프까지만 갔다가 다시 콘플루엔시아로 되돌아간다. 남벽으로 가는 코스가 정상으로 가는 루트 중 하나지만, 이곳 베이스캠프부터 정상까지 수직으로 이어지는 2,500m의 거벽을 오르는 것은 세계적 수준의 등반 기술력과 전문성을 요한다. 북면으로 가는 등정대도 이곳을 먼저 들렀다 가는 이유는 첫 번째로는 새롭게 시작하는 4,000m 대의 고도에 적응하기 위한 것이며 두 번째로는 과거에 세계 3대 거벽으로 불렸던 성스러운 곳을 직접 보기 위한 것도 있다.

• 북면 코스

잉카 다리(Puente del Inca) – 오르코네스(Horcones; 공원 입구) – 콘플루엔시아(Confluencia; 3,400m) – 플라자 데 무라스(Plaza de Mulas; 4,300m) – Camp1(Canada Camp; 4,910m) – Camp2(Nido de Condores; 5,400m) – Camp3(Berlin Camp; 6,000m) – 인디펜덴시아(Independencia; 6,500m) – 아콩카과 정상(Aconcagua Summit; 6,962m)

⇒ 북면이 가장 일반적인 루트이며 주요 지점은 위와 같다. 콘플루엔시아까지는 남벽과 같지만 여기서부터 갈라진다. 주요 캠프지마다 오르락내리락을 반복하는 이유는 본문에서도 언급했듯이 고소에 적응하기 위해 정찰 겸 가는 것도 있지만, 무거운 장비를 하루 전날 올려놓고 내려오기 위함이다. 체력적으로나 고소적응에 문제가 없고 계획에 따라 날씨가 완벽하게만 따라준다면 11일이면 완등할 수 있다.

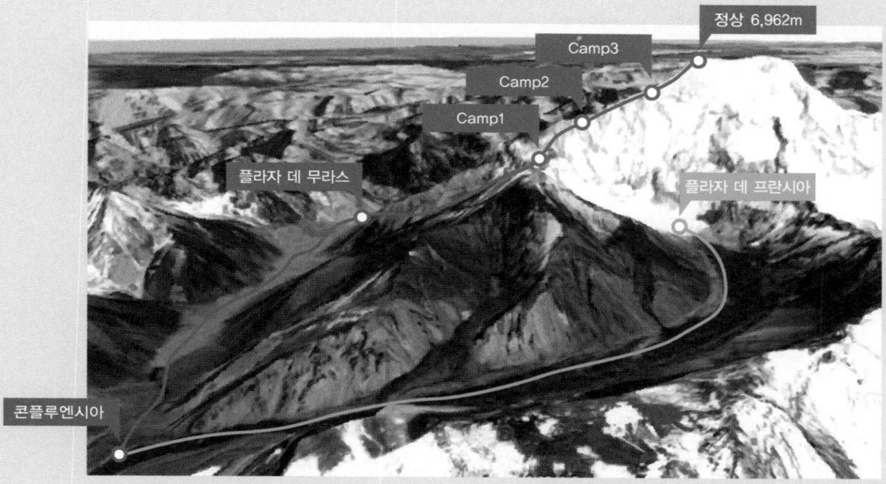

하지만 날씨, 고소 적응 문제, 체력 등의 문제는 운도 따라야 하고 개개인이 준비한 것에 달렸기 때문에 완등 확률이 높지는 않다. 최대 20일이 주어지는데 이 기간 안에 성공하지 못하면 내려와야 하며 콘플루엔시아 및 베이스캠프에서 메디컬 테스트를 통과하지 못해도 그 이상 나아갈 수 없다.

시즌

비수기	11월 15일 ~ 11월 30일 / 2월 21일 ~ 2월 28일
준성수기	12월 1일 ~ 12월 14일 / 2월 1일 ~ 2월 20일
성수기	12월 15일 ~ 1월 31일
겨울 시즌	3월 1일 ~ 4월 30일

허가 종류

20일 (정상) / 7일 (베이스캠프) / 3일 / 1일로 구분되어 있으며 정상으로 갈 수 있는 유일한 허가증은 20일짜리다. 대부분의 관광객들은 1~3일짜리 트레킹을 이용하며 평소 트레킹이나 등산을 즐기는 마니아 층은 7일짜리 허가증을 받고 이곳 아콩카과 국립공원의 전경을 즐긴다.

입산료

자국민(아르헨티나) / 라틴 아메리칸(중남미) / 외국인(그 외 나라)으로 총 3부류로 나누어져 있고 자국민과의 비용 차이는 각 2배~3배까지 차이가 난다. 또한, 시즌(비수기/준성수기/성수기 등)마다 차이가 있기에 공식 홈페이지에서 해당 날짜의 입산료를 정확하게 알아 봐야 한다.

- 아르헨티나 멘도사주 아콩카과 국립공원 공식 홈페이지 주소
  http://www.aconcagua.mendoza.gov.ar/

- Aconcagua를 스페인 어 발음 그대로 읽는다면 '아콩카구아'가 되지만 외래어 표기법상 '아콩카과'로 쓴다. 둘 다 맞는 말이지만 입으로 소리 내어 읽을 땐 '아콩카구아'가 전 세계 어디를 가도 통하는 발음이다. 또한 해발고도에 관해서는 수치가 제각각이지만 일반적으로 6,962m로 통용되어 오다가 필자가 등정한 시기쯤에 6,964m로 2m 높아졌다.

고산병 관련

본문에서 고산병에 관한 내용이 많이 나오는데, 높은 고도를(해발 2,500m 이상) 접할 때, 고산병은 가장 중요하게 해결해야 할 문제다. 고산병에 걸리면 개인마다 반응이 다르지만 보통 머리가 아프고 숨쉬기가 힘들며 구토 증세가 있다. 이에 대한 해결책이나 특효약이 따로 있는 것이 아니기 때문에 곧바로 더 낮은 고도로 내려가는 것이 제일 좋은 방법이다. 일반적으로 알려져 있는 방법과 나의 경험 등으로 고산병을 사전에 방지하거나 치유할 수 있는 부분들을 한번 요약해 보았다.

1. 고도를 높일 때(산을 오를 때) 천천히 올라간다.
2. 물을 많이 마셔 준다(하루 3ℓ 이상).
3. 몸을 따듯하게 해준다.
4. 밥을 급하게 먹지 않는다.

5 당일 목표 고도보다 조금 더 높은 곳을 올라갔다가 내려온다(예를 들어, 오늘 3,000m 지점에서 텐트를 치기로 했다면 짐을 풀어놓고 가볍게 3,150m 정도를 산책하듯 올라갔다가 다시 3,000m 지점으로 내려오는 것이다).

6 고도를 높이기 전 미리 아스피린이나 비아그라를 먹는다(실제로 많은 원정대가 출국 전 혹은 현지에서 비아그라를 대량 구입해 간다).

7 낮에 휴식을 취할 때 햇볕을 피해서 눕는다(나는 낮잠을 잘 때 햇볕에 그대로 노출되고 일어나면 항상 머리가 아프고 구토증세를 보였다).

8 평소에 체력관리를 잘해 놓는다(등산을 떠나기 직전에는 인터벌 트레이닝이 도움된다. 빠르게 뛰고 쉬고를 반복하면서 호흡의 강약을 비규칙화시킬 때 고산을 올라가는 것과 비슷한 효과를 낸다).

9 몸에 반응이 이상하다거나 아프다고 느끼면 부끄러워 말고 받아들여라. 평소에 아프거나 지친 적이 없어서 고산병에 걸렸다는 것 자체가 부끄러워 말 못하는 사람들이 있다. 하지만 참고 무리했다가는 증세가 더 악화할 가능성이 크고 정말 못 볼 장면을 보여주는 경우가 생길 수 있다. 슬프게도, 고산병은 건강하지만 선천적으로 높은 곳이 안 맞는 체질이 있을 수 있기에 인정하고 하루를 더 쉬든지 밑으로 내려가는 게 현명한 판단이다.

10 일단 고산병은 한번 적응한 고도면 다음에도 적응할 가능성이 아주 크다. 하지만 최대 4,000m 정도의 높이를 가 본 사람이 5,000m의 높이를 새롭게 가는 것은 또 다른 의미이기에 자만해서는 안 된다.

○ 여행

아콩카과 국립공원이 있는 멘도사는 포도주가 워낙 유명한 곳이기에 우선 값비싼 포도주를 충분히 즐기기를 권한다. 또한, 이러한 자연과 산을 좋아하는 이라면 파타고니아 지방을 놓치면 안 된다. 그곳에서 태초의 자연경관을 즐길 수 있다. 멘도사에서 약 30시간 이상의 장거리 버스를 타고 아래 지방으로 이동해야 하며 파타고니아의 대표적인 볼거리는 아르헨티나의 페리토 모레노 빙하Perito Moreno Glacier와 피츠로이Fitz Roy, 칠레의 토레스 델 파이네Torres del Paine 국립공원 등이 있다.

남미 풍경...... 그리고 열정

사막 마라톤 이후 콜롬비아에서의 생활과 아콩카과 등정 이후 아마존 밀림을 수로로 이동하면서 나의 남미 모험의 종지부를 찍었는데 이 책에서는 이 내용을 생략하고 싶다. 나는 이 책의 1, 2장을 통해 야생에서 느낄 수 있는 거친 호흡을 보여주고 싶었다면 지금의 3장을 통해 휴식과 편안한 공간을 만들고 싶었다.

사막 마라톤 이후 나는 약 8개월간 콜롬비아에서 많은 친구들을 사귀면서 스페인 어를 배웠고 한국에서 들고 온 자전거로 안데스 산맥의 산간지방 구석구석을 여행하였다. 때로는 마을버스를 이용하였고 콜롬비아 현지 친구들과 함께 수십 시간 운전도 하면서 길고 행복한 나날들을 보냈다. 매일 밤 작지도 크지도 않은 공원에서 똑같은 사람들을 만나고 그들의 음악과 그림들 그리고 웃음을 함께했던, 세상 그 어느 곳보다 활기찬 콜롬비아 시골 마을의 자그마한 그 공원을 잊지 못할 것이다. 히피들도, 경찰들도 그리고 여행객들도 모두 하나 되어 그들만의 삶을 보내고 있었다. 콜롬비아는 사이클 강대국이니만큼 현지 훈련에 같이 참여하기도 하였고 연인도 만나면서 이국에서 짧지만 사랑이라는 것도 나누어 보았다. 그리곤 산을 떠나기 위한 운명의 시간이 다가왔기에 제2의 고향과 같았던 콜롬비아에서의 모든 친구들과 음식, 노래, 공기, 향기에 포옹과 함께 작별 인사를 하였다. 그리고 보고타의 엘도라도 공항 바닥에 입맞춤을 하며 아르헨티나로 떠났다.

산에서 내려와서는 마지막 모험의 종지부를 찍기 위해 페루의 아마존 마을인 이키토스Iquitos로 발걸음을 옮겼다. 이미 등정을 하면서 자아 성찰을 한 뒤였기 때문에 대탐험을 한다는 마음가짐보다는 모든 일정을 마무리한다고 생각하고 뱃사공을 한 명 구해서 둘이서 아마존 상류층의 수로를 이동하였다. 투어를 위한 아마존이 아니었기 때문에 인위적인 모습이 아닌, 거친 모습 그대로를 볼 수 있었지만, 그렇다고 재규어나 아나콘다, 악어들을 쉽사리 볼 수 있는 것도 아니었다. 그래도 나름대로 핑크 돌고래와 같이 수영을 하고 피라니아piranhia를 낚시하여 구워 먹으면서 새파란 아마존의 생기를 충분히 느낄 수 있었다. 무엇보다 여기선 모기와의 싸움이 주된 곤욕이었고 그렇게 8일간 축축한 아마존 습지의 생활을 끝내고 돌아왔다.

3장에서는 아마존 정글과 더불어 콜롬비아, 페루, 칠레, 볼리비아, 브라질, 아르헨티나, 우루과이 등 남미 여행에서의 풍경과 열정 그리고 온도를 짧지만, 강렬하게 끄적였다.

ZILLERTAL
ZILLERTAL
ZILLERTAL
LAK 799
LAP 844

제3장

꽃

시내 한복판에서 졸음운전 하던 택시기사,
시골버스에서 바라본 풍경은 이곳이 정말 남미라는 것을 말해주고 있다.
열대우림은 스케일이 달랐다.
콜롬비아의 커피 농장은 너무나 아담하고 조용한 마을이었고
친절한 사람들은 날 이곳에 다시 찾아오게끔 할 것 같다.
동양인은 찾아볼 수 없는 이 여행.
커피로 둘러싸인 이곳에서 지프를 타고
사진으로 담기 어려운 풍경을 눈과 마음에 담는다.
너무나 아름답기 그지없다.
자전거를 타는 동양인을 동네 사람들이 기억해준다.
자전거 없이 밖으로 나오면 왜 오늘은 자전거를 안 갖고 오느냐고 물어본다.
누군가 나를 기억해준다는 건 정말 기분 좋은 일이 아닌가?
특히 지인이나 정보도 없이 무작정 들어온 이곳,
라틴아메리카에선 더더욱 말이다.

Columbia

무언가 하나에 미쳐본 자는
스스로를 한계에 가두지 않는다.

인생은 선택의 연속인 것 같다. 선택의 갈림길에서 후회를 줄이기 위해 고민은 많이 해볼수록 좋다. 그리고 어떤 길을 택하든 후회와 아쉬움과 미련이 남게 되어 있는데 모든 것에는 장단점이 있기 때문이다. 하지만 하나 혹은 두 개를 내어주고 다른 하나를 취하기로 마음을 먹었다면 그때부터는 뒤도 돌아보지 말고 밀고 나가자. 내 안의 큰 기둥을 세우고 나 자신만을 믿고서 말이다.

아주 조금이라도 행복하게 사는 나만의 방법.
돈이 없다면 벤츠 안 타고 국산 차 타면 된다.
나에게는 페라리보다 빠른 자전거가 있다.
유명 레스토랑 대신 값도 싸면서 푸짐하고 맛있는
실용적인 동네 맛집을 찾아가면 된다.
장비를 업그레이드하기보단 실력을 키우면 된다.
비행기보단 풍경을 볼 수 있는 버스를 타고
비싼 개인용 호스텔보단 다 같이 쓰는 도미토리에서 자고
아낀 돈으로 시원한 콜라나 맥주 한 캔을 마신다.
무엇보다 남들과의 비교와 잣대에서
그리고 주위의 세 치 혀에도 흔들리지 않는
나만의 삶과 가치관을 가지면 된다.
남들과 자꾸 비교하면서 자신을 비난하지 말고
나 자신을 더욱더 아껴주고 사랑하자.
그리고 아주 조금만 내가 더 손해를 보자.
그러면 마음만은 편안하다.
그리고 언젠가는 또 그 이상으로 얻게 될 것이다.

보고타로 돌아가는 길이 마치 여행을 끝내고 한국으로 돌아가는 것 같은 기분이다. 그만큼 이곳 생활에 젖어 들어있다. 언젠가는 이 모든 여행도 끝이 나겠지?

킴!!

오늘은 정글 속 더 깊은 곳으로 떠나볼까, 아니면 피라니아 낚시를 할까?

아마존을 가고 싶다. = 모기를 보고 싶다.

아마존에 대해서 깊게 연구하고 싶다. = 모기에 대해서 깊게 연구하고 싶다.

한 달 동안 아마존에서 생활해보고 싶다. = 나는 한 달 동안 모기 밥이 되고 싶다.

그거 말고 진짜 아마존 정글 속 깊숙한 야생을 체험하고 싶다. = 나는 진짜로 굶어있는 정글 속 깊숙한 모기들에게 헌혈하고 싶다.

어릴 적부터 아마존생태계를 꿈꿔왔다. = 어릴 적부터 다양한 모기들에게 물리고 싶었다.

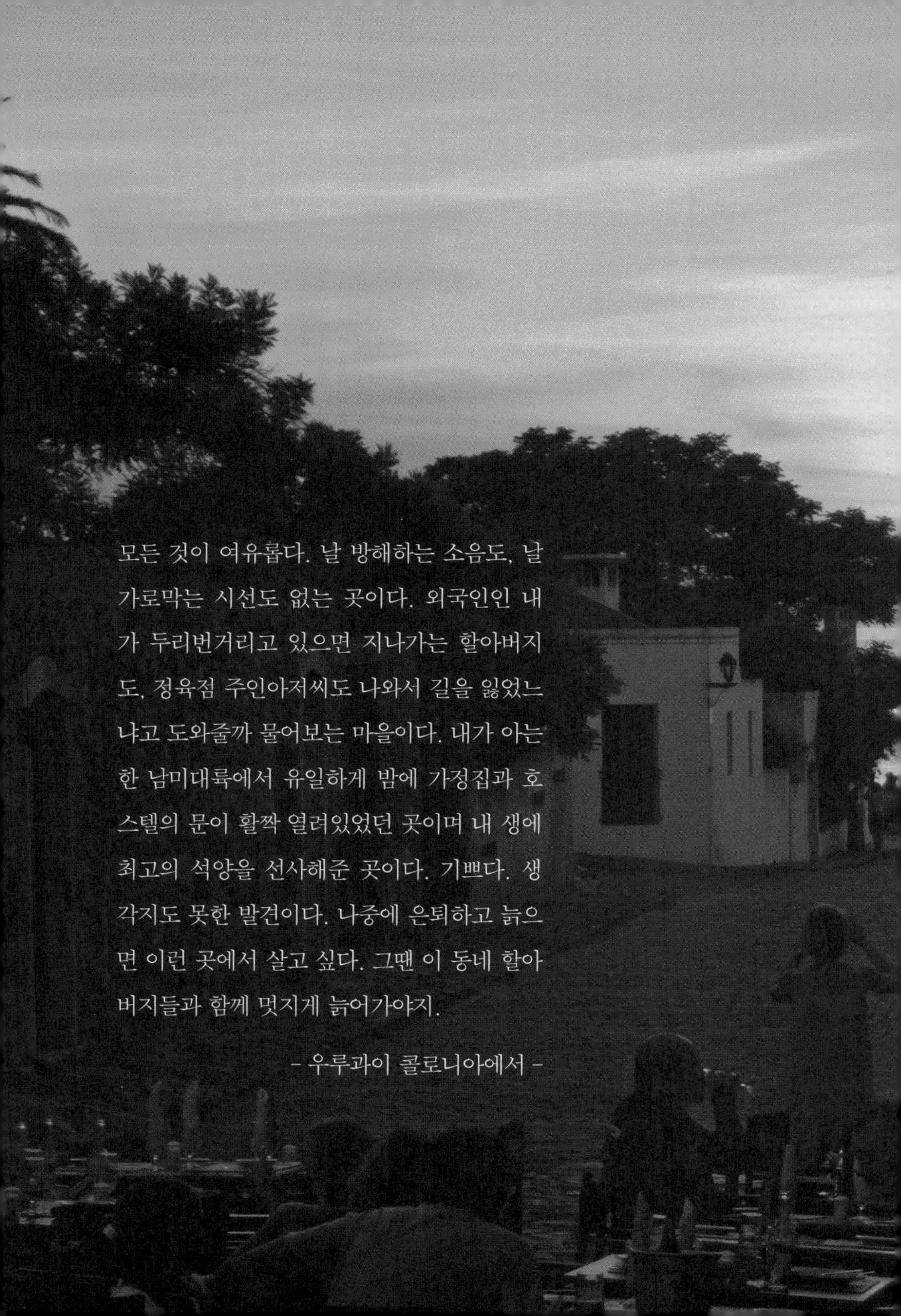

모든 것이 여유롭다. 날 방해하는 소음도, 날 가로막는 시선도 없는 곳이다. 외국인인 내가 두리번거리고 있으면 지나가는 할아버지도, 정육점 주인아저씨도 나와서 길을 잃었느냐고 도와줄까 물어보는 마을이다. 내가 아는 한 남미대륙에서 유일하게 밤에 가정집과 호스텔의 문이 활짝 열려있었던 곳이며 내 생에 최고의 석양을 선사해준 곳이다. 기쁘다. 생각지도 못한 발견이다. 나중에 은퇴하고 늙으면 이런 곳에서 살고 싶다. 그땐 이 동네 할아버지들과 함께 멋지게 늙어가야지.

- 우루과이 콜로니아에서 -

무지한 사람은 그 깊이를 헤아리지 못하고 경거망동 말부터 내뱉는가 하면 내공이 있는 자들은 그 깊이를 알기에 행동부터 보이면서 겸손해진다.

어느 이상한 노인과 1시간 동안의 대화

브라질 측 이구아수Iguaçú에서 리우데자네이루Rio de Janeiro로 가기 위해 터미널로 향한다. 숙소에서 알려준 시내버스를 올라타고 두리번거리고 있던 나에게 버스 안의 모든 사람들이 이 버스가 맞다며 올라타라고 한다. 역시나 자기 몸뚱어리보다 큰 배낭을 짊어지고 있는 동양인인 내게 버스 안의 이목이 쏠린다. 그중 노약자석에 앉아 있던, 뼈만 앙상하게 남은 노인이 내게 영어로 대화를 건다.

"어디로 가요?"
"버스터미널로 갑니다."
"거기서 어디로 가는데?"
"리우데자네이루요."
"나 캘리포니아 출신이야."
"아…… 그런데 브라질에서 살고 있는 거예요?"
"응. 한 15분 정도 가야 해. 터미널까지."

어릴 적에 이곳으로 이민을 온 것인지 영어는 서툴렀지만, 포르투갈어는 현지인들과 다름없었다. 옷은 뉴욕 양키스의 옷과 뉴에라 모자를 쓰고 있었고 내려놓은 나의 작은 배낭을 자기 곁으로 기대어 쓰러지는 것을 잡아주었다.

"참 덥지? 너무 더워. 아휴 지쳐…… 이제 5분 남았어."

그리고 정확히 5분 뒤에 모두가 터미널에서 내렸다.

"Let's Go!!"를 외치며 날 이끌었고 이미 그 노인은 내가 가려는 버스회사가 어딘지 아는 듯 내가 이미 표를 예약한 곳에서 자신도 표를 사기 위해 기다린다. 그 노인은 내 옆에서 같이 대기를 하고 있다가 차례가 되자 자신의 신분증과 어떤 문서 같은 종이를 창구직원에게 건넸다. 하지만 뭐가 잘 안 되었는지 티켓을 받지 못하고 그들의 대화는 금방 끝나 나버렸다. 포르투갈 어를 알아듣진 못했지만, 눈치와 분위기만으로도 이 노인이 티켓을 구하지 못했다는 것을 알 수 있었다.

"타는 곳이 어디야?"
"1번 출구요."
"일로와."

플랫폼 앞 벤치에 앉아서 나의 출발시각이 될 때까지 기다리자고 한다.

"어디로 가려고 하신 거예요?"
"상파울루."
"근데 무슨 문제라도 있어요?"
"돈이 없어……."

그리고 한동안 침묵이 흘렀다.

"가족이 없으세요?"
"없어……나 혼자야."

그리고선 물이 마시고 싶다면서 매점에 가려던 걸 말리고 내가 갖고 있던 물을 꺼내 드렸다. 한 모금을 마시더니 갑자기 입을 잡고 심하게 기침을 하는데 주위 사람들이 모두 쳐다본다. 간신히 기침을 멈추고선 한 모금 더 들이마시더니 화장실을 다녀온다고 한다. 5분이 지나고 다시 돌아왔고 이번에는 자기 가방에서 누르면 소리가 나는 곰돌이 인형을 꺼내 들어 내게 자랑하며 보여준다. 몇 번이고 반복되는 멜로디를 누르다가 이제는 알 수 없는 향수를 꺼내 든다. 그러면서 나에게 향수를 뿌리는지 묻는다.

"저 향수 별로 안 좋아해요. 그래서 안 뿌려요."
"난 좋아해."

이번엔 자신이 입을 것 같은 칙칙한 옷들을 하나씩 보여준다.

"아디다스! 에스빠냐! 스페인! 축구!"

그리고 갑자기 다시 자리에 일어나서 버스표 가격을 알아보고 온단다. 3분 뒤에 돌아와서는 70달러라면서 한숨을 쉰다.

"그런데 상파울루엔 왜 가려고 하시는 거예요?"
"가족이 있어……."

이번엔 말없이 자리를 뜬다. 나는 딱한 마음에 24시간 장거리 버스에서 먹으려고 챙겨둔 빵과 햄 조각 그리고 물 한 병을 주고 가야겠다고 마음먹고 기다리고 있다. 10분이 지나도 돌아오지 않아 나가보았더니 야외벤치에 앉아 담배를 한 대 태우고 있었다. 매점에 가서 콜라 한 캔의 가격을 물어보고 다시 나왔을 때, 그 노인은 제자리에 있지 않았다. 터미널을 한 바퀴 돌아보고 왔더니 내가 가격을 물었던 매점에서 그 노인이 손에 컵을 하나들고 실랑이를 벌이고 있다. 다시 그 노인은 담배를 피우던 자리로 돌아간다.

"너 이제 가, 시간 됐어."
"할아버지, 콜라 하나 마실래요?"
"응 당연하지!"

나는 노인에게 줄 콜라 한 캔과 내가 버스에서 마실 콜라 두 개를 사 들고 매점을 나온다.

"근데 이거 내 거야?"
"네! 그리고 음식도 있는데 잠시만요."

그러고선 챙겨둔 볼품없는 샌드위치 한 조각을 배낭에서 꺼내주었다.

"우와 정말 고마워!"

그리고선 그 노인은 별다른 작별 인사 없이 가버렸다. 플랫폼으로 가서 버스를 타기 전 혹시나 싶은 마음에 노인이 담배를 피우던 곳을 보았더니 그 자리에 앉아서 내가 준 샌드위치와 콜라를 쓸쓸히 먹고 있었다. 그 노인은 나에게 어떠한 구걸도 부탁도 하지 않았다.

OCTANOS

아는 것, 모르는 것 그리고 안다고 생각했던 것

확실히 긍정적인 사고방식과 마인드는 부정적인 것보다 좋은 것이다. 우리 모두 이러한 용기와 신념을 갖고 인생의 돌파구를 헤쳐나간다. 하지만 매사에 근거 없는 긍정과 낙천적인 생각으로 남에게 피해를 줘서는 안 된다. 자신이 긍정이라는 잣대로만 세상을 바라본다고 해서 남들마저 자기 자신을 그렇게 봐줄 거라는 생각은 긍정이라는 이름 아래 이기적인 삶을 살고 있는 것이다.

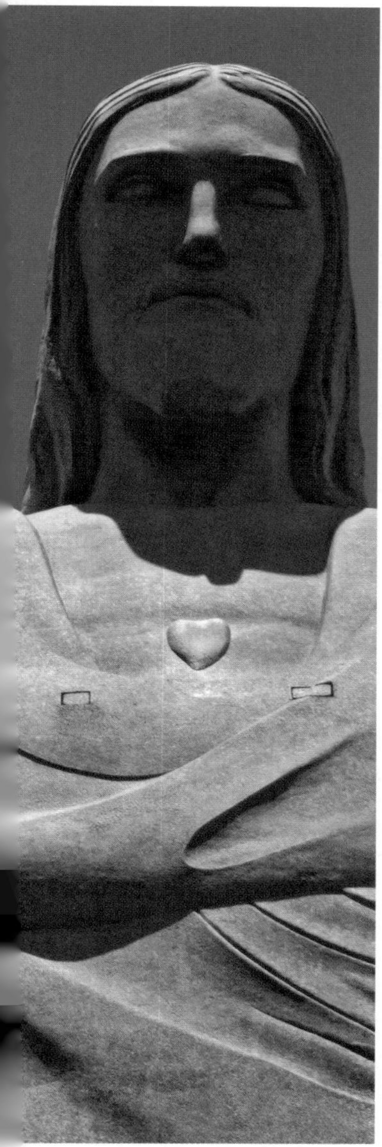

떠나기 전 난 두 가지 두려움이 있었다. 하나는 죽음에 대한 두려움, 그리고 실패에 대한 두려움이다. 하지만 사실 실패에 대한 두려움이 더 크다. 난 과연 정상을 코앞에 두고 위태롭다고 느낄 때 한 치의 미련 없이 깔끔하게 포기하고 산에서 내려올 수 있을까? 주위의 시선이 전혀 신경 쓰이지 않는다고 말할 수 있는가? 성공에 대한 욕심이 날 지배하여 나 스스로를 파괴하진 않을까? 난 어떤 결정을 내리게 될까? 어떤 난관에 부딪히게 될까?

하지만 나는 확실히 예전보다 솔직해졌다. 특히 나 자신에게 말이다. 나는 이러한 도전들을 하면서 포장하는 것을 배운 게 아니라 자연 앞에서 나 자신을 모두 보여주는 법을 배웠다. 나를 낮추는 것이 훨씬 낫다는 것을 깨달았고 판단은 자연에 맡기는 것이다.

어쩌면 우리는 그 어떤 생명보다도 나약한 존재인지도 모르겠다. 그저 강한척하고 강하기 위해 애쓰는 것일 뿐 이미 자연 앞에서 생존하고 자립해나갈 수 있는 능력을 잃어가고 있고 그것을 파괴와 훼손으로 피해가고 있다. 느린 인터넷과 지연된 택배 배송에 스트레스를 받고 삭제된 사진과 문서파일들 앞에서 좌절과 고통을 겪는다. 인터넷과 스마트 폰이 없으면 상상도 하기 싫은 시대가 왔다. 그렇게 우리는 자연 앞에서 한 번 그리고 우리가 만든 문명 앞에서 한 번 이렇게 두 번 무너진다.

기나긴 어둠 속에서 홀로 두려움 없이 씩씩하게 걸어나가자.

지구 곳곳에서 일어나는 재밌는 일들,

국경을 몇 번이나 넘나드는 신 나는 여행,

다 똑같은 사람 사는 세상.

자전거만 있으면 난 세상 어디든 마음대로 다닐 수 있어.

그런데 바다는 어떻게 건너지?

Live Simply

전 세계 모든 배낭여행객들에게는 숙명적인 과제가 하나 있다. 아주 근본적이고도 가장 중요한 법칙인데, 어떻게 같은 시간에 같은 장소에서 남들보다 저렴하게 여행을 하는가이다. 나 또한 마찬가지로 이러한 법칙 속에서 여행자의 삶을 몇 개월째 이어가고 있을 때 페루에서 조금이라도 저렴한 방을 찾으려 무거운 배낭을 앞뒤로 메고 수많은 게스트하우스를 둘러보았다. 그러다 보니 중심가에서 더욱 벗어나게 되었고 2시간 동안 땀을 뻘뻘 흘리며 겨우 가장 합리적인 곳을 찾아 3일을 묵었다. 그리고선 약 1,200원에 달하는 비용을 아낄 수 있었지만 2 시간 동안 달콤한 휴식을 취하고 짐을 정리할 수 있는 시간을 잃었다.

이러한 상황은 일상생활에서도 자주 볼 수 있는데 얼마 차이 나지 않는 가격 때문에 정말 먹고 싶었던 걸 포기하고 적당히 먹어도 괜찮을 법한 메뉴를 선택한다. 가격은 500 ~ 2,000원 정도 차이겠지만 그때의 행복은 그 이상으로 날아가는 것이 아닐까? 이제야 깨달은 사실이지만 우리는 시간적 비용, 정신적 비용을 포함하여 현재의 메길 수 없는 행복의 비용을 망각하고 살아가는 것이다.

한 번을 실패하면서 한 번의 깨달음을 얻었고
두 번을 실패하면서 한 단계 성숙해졌으며
세 번을 실패하면서 겸손함을 배웠고
그다음으로 비로소 스스로 그러한 상태가 되었다.

몇 분 전만 해도 칠레 국기만 봐오다가 이제는 아르헨티나 국기가 내 앞에서 펄럭이고 있다. 인간이 아닌 다른 생명체의 세상에 내가 들어온 느낌이 강하게 전해져온다. 아르헨티나, 정말 대단하게 큰 나라다. 오르막 내리막 그리고 커브 하나 없이 일직선으로만 길이 이루어져 있고 30시간을 달려도 광활한 들판 위의 소들은 변함이 없다. 여기야말로 페라리와 람보르기니가 필요할 것 같다. 72시간의 버스 생활 중간에 잠시 세워가는 아르헨티나의 이름 모를 한 조그마한 마을. 무더위 때문인지 사람들이 밤늦게까지 자지 않고 나와 있다. 한가롭고 평화로워 보인다. 덕분에 중간에 항상 끊겨버리는 영화들은 언제나 완결을 보여주지 않고 끝나 버린다. 주인공이 위기에 처하거나 악당에게 복수를 할 때 버스 안의 스크린은 시동과 함께 꺼져버린다. 그러고는 바깥에서부터 시원한 별들의 냄새가 퍼져온다. 그 향기는 나를 강하게 바깥으로 발걸음을 옮기게 만들고 꽃들이 노래하는 소리와 별들의 향기에 나의 영혼이 취해간다. 기분이 좋다. 그냥 이대로 저 버스를 놓쳐도 좋을 만큼 기분이 좋다.

(파타고니아로 가는 길)

대서양, 태평양, 카리브 해를 모두 맛보았다. 상상 속에서만 존재하던 모든 바다들이었다. 영화 「노킹 온 헤븐스 도어Knocking on Heaven's Door」에 등장했던 마지막 바다, 영화 「콘택트Contact」에서 등장했던 다른 행성의 신비한 바다의 밤, 미드 「로스트Lost」의 배경지 그리고 영화 「쇼생크 탈출The Shawshank Redemption」에서 주인공이 감옥을 탈출해 기다리고 있었던 멕시코의 어느 해변까지 모든 것들이 이곳에 있었다.

화폐 단위가 계속 바뀌어 계산을 잘해야 하지만 브라질을 제외하고는 언어가 같다. 봄, 여름, 가을, 겨울을 다 지냈다. 빙하에서 사막까지, 정글에서 설산까지 세상 모든 자연환경을 다 겪었다. 여권에는 40여 개의 도장이 찍혀 있다. 전 세계 모든 배낭여행자들과 세계일주자들이 입을 맞춰서 하는 말.

"남미는 세상 모든 여행의 총집약체이자 성지다."

(365일간의 남미 대륙에서)

ZILLERTAL
ZILLERTAL
ZILLERTAL
LAK 799
LAP 844

KBS 연기대상과 함께 제야의 종소리가 울렸을 대한민국은 이제 2014년이고 이곳 아르헨티나는 아직 2013년이다. 한국의 길거리에는 사람들이 목도리에 털모자에 털부츠까지 꽁꽁 싸매고 나왔을 것이며 여기는 웃통을 벗고 여름의 무더위와 함께 새해를 준비하고 있다. 가족들과 함께 조용하게 새해를 맞이하는 이곳의 길거리는 텅 비어 있고 모든 가게는 문을 닫았다. 오로지 여행 온 이방인들만이 시끌벅적 들떠 있고 다 떨어진 맥주를 구하기 위해 거리를 배회하고 있다.

(아르헨티나 바릴로체에서)

gafredo
ZANETTI
LA BARRIC
VINO
TANGO
RESTAURANTE-CAFETER

오늘은 또 뭘 해볼까? 내일은 또 어디로 가볼까?

인생에 딱 한 번 왕복으로 쓸 수 있는 타임머신이 있다면
당신은 과거로 가시겠나요, 아니면 미래로 가시겠나요?
단, 조건은 과거든 미래든 현재를 바꿀 수 있는 건 없습니다.

Life

HOT

365일 정확히 1년을 채워온 나의 남미 여행. 많은 곳들을 들르면서 한 가지 생긴 습관이 있다. 저녁을 먹고 밤 10시쯤 되면 동네주민들이 몰려드는 광장이나 공원에 가서 맥주도 좋고 코카콜라도 좋고 더울 땐 아이스크림을 하나 사서 즐겨 듣는 노래를 들으면서 벤치에 앉아 경치를 구경한다. 산책 나온 가족들, 비눗방울을 쫓아다니는 꼬마들, 어딜 가나 있는 거리의 잡상인들, 키스하는 여인들, 길 한가운데서 퍼질러 자는 개 한 마리, 불량스러워 보이는 젊은이들, 마을을 지키는 보안관들, 홀로 맥주를 마시고 있는 할아버지, 다른 쪽에서 웅크리고 자는 개 두 마리, 마리화나를 파는 청년 그리고 그들을 관찰하고 있는 이방인. 여행객인 척 여행객이 아닌, 그들과 같은 척 그들이 아닌 나. 매일 밤 작지도 크지도 않은 공원에서 똑같은 사람들을 만나고 그들의 음악과 그림들, 그리고 웃음들을 함께 한다. 히피들도 경찰들도 여행객들도 모두 하나가 되어 그들만의 삶을 보낸다. 지구 반대편이라고 딱히 크게 특별한 일이 발생하지도 않는 너무나도 평범하고 일상스러운 오늘 밤이 지나간다.

(이키토스, 페루의 아마존 마을에서)

최고의 나날이 나를 나락으로 빠뜨릴 수도 있고 최악의 위기 상황이 나를 최고의 상태로 끌어올릴 수도 있다. 그러니 자신이 현재 가장 높은 자리에 있다고 해서 너무 자만하지 말고 밑바닥에 있다고 해서 세상이 다 무너질 듯 절망하지 말자.

외로워서 떠난 여행이 날 더 외롭게 만드는 건 아닌지.
처음에는 외로워서 떠난 여행들. 이제는 떠나면 떠날수록 지독한 고독함을 느낀다.
이 여정의 끝은 어딘가?
난 언제까지 이렇게 정처 없이 떠돌아다닐 텐가?

a 3 kms.

우리의 삶

하고 싶은 게 있지만 참고 사는 사람
하고 싶은 게 없고 그냥 주어진 환경에서 사는 사람
하고 싶은 걸 해야만 하는 사람
하고 싶은 걸 하기 위해서 지금의 일을 하는 사람

당신은 어떤 삶을 살고 있나요?

Bienvenido
환영합니다.

획일성을 통해 차별성을 배웠으며 규율을 통해 일탈의 짜릿함을 배웠다.

자만심을 통해 부끄러움을 배웠으며 부끄러움을 통해 겸손함을 배웠다.

외로움을 통해 자립심을 배웠고 고독을 통해 주변 사람의 소중함을 배웠다.

여러 입들 사이에서 침묵을 배웠고 침묵을 통해 지혜를 배웠다.

더위를 통해 추위의 소중함을 추위를 통해 더위의 소중함을 배웠다.

시련을 통해 단단함을 배웠고 갈등을 통해 유연함을 배웠다.

자연을 통해 환경을 배우고 동식물을 통해 생명을 배웠다.

일상을 통해 여행의 소중함을 배웠고 방랑을 통해 정착의 소중함을 배웠다.

외국어를 통해 한글의 위대함을 배웠고 타국음식을 통해 김치의 위대함을 배웠다.

욕심을 통해 비움을 배웠고 부족함을 통해 행복을 배웠다.

눈빛을 통해 진심을 배웠고 가슴을 통해 사랑을 배웠다.

그리고 이 모든 것들을 통해 아직도 배워야 한다는 것을 배웠다.

Empiricism

저는 살면서 좌절을 해 본 적이 없습니다.

빚이 있다면 돈 앞에 좌절한 것이고
시험 점수가 미달이면 학문 앞에 실패한 것이고
마라톤에 완주하지 못했다면 육체적 한계에 무릎을 꿇은 것입니다.
하지만 그것이 인생의 좌절은 아니지요.

어쩌면 우리는
살찐 욕심과 마른 행복에 관점을 두고 살아가기 때문에
되는 것보다 안 되는 게 더 많은 것인지도 몰라요.

에필로그 Epilogue

캐나다 토론토와 밴쿠버를 거쳐 인천으로 가는 나의 마지막 비행기. 한국어로 기내방송이 나오기 시작하고 승무원도 그리고 탑승객들도 대다수가 한국인이다. 1년 만에 처음 듣는 한국말 안내 방송. 이제 진짜 우리나라로 돌아간다는 것이 실감 난다. 비행기 안에서 신문을 나눠준다. 날짜가 하루 지난 신문이지만, 나는 1년 만에 받아본 신문이다. 내가 받은 신문은 경제신문이었고 신문의 첫 페이지를 장식하는 가장 큰 제목은 '대한민국은 지금 행복합니까?'이다. 아이들은 밤늦게까지 학원에 다니고 워킹맘들은 그런 아이들을 돌볼 시간이 없단다. 행복지수 1위인 북유럽국가들과 비교해가면서 콜롬비아(35위)보다 우리나라의 행복지수가 낮다는 통계 내용도 함께 있다. 한국에 도착하기도 전에 벌써 전쟁의 기운이 느껴진다. 도착한 인천공항은 1년 전보다 황사와 미세먼지가 더 심해졌다.

그동안 몸은 고생했지만, 세상으로부터 독립되어 완전한 자유를 누릴 수 있었고, 정말 행복했다. 주변으로부터 구속받지 않기 위해, 떠난다는 사실을 아무에게도 알리지 않았고 세상의 시끄러운 소리들로부터 자유로워지기 위해 카카오톡, 페이스북과 같은 SNS를 모조리 지운 채 문명을 멀리했다.

과학기술이 발달한다고 행복 수치가 같이 올라가는 것은 아닌 것 같다. 삶의 편의를 위해서 고안되고 발전된 것들로 인해 예전에는 신경 쓰지 않아도 될 것들이 더 늘어났다. 과거에는 존재하지 않았던 종류의 스트레스를 풀기 위해 이제 다시 자연으로 그리고 세상 밖으로 눈을 돌리고 있는 역설적인 현상이 전 세계에서 일어나고 있다. 하지만 이마저도 현대문명이 곳곳에 파고든다. 우리가 흔히 말하는 유명한 관광명소에는 여행사들과 케이블카가 넘쳐나는 등 태초의 자연과 위대한 인류의 유산마저도 그저 편하고 안락하게 즐기기 위한 수단으로 바뀌어 있다. 장담컨대 그대가 시간과 비용을 저축하여 큰마음 먹고 꿈에 그리던 장소로 가게 되더라도 우리의 환상이 깨질 확률이 반 이상이다. 그곳이 이집트의 피라미드든, 아프리카의 킬리만자로 정상이든, 페루의 마추픽추든, 프랑스 남부의 한 해변이든 간에. 아시아인지 구별이 안 갈 만큼 수많은 동양인을 볼 수 있을 것이고 또한 수많은 서양인들로 넘쳐날 것이다. 유명한 관광지일수록 수많은 인파 속에서 아등바등거리며 시간에 쫓겨 그곳을 눈도장만 찍고 오기 급급할 것이다. 그렇다고 갑자기 기술 발전을 멈추고 과거 석기시대로 돌아가자는 이야기는 아니다.

70억 인구의 개개인이 살아온 과정과 문화 그리고 환경이 다르고 가치관이 다른데 단편적으로 이것이 옳고 저것은 틀리다고 주장할 순 없는 노릇이다. 다만 이 책을 통해서 한 가지 말하고 싶은 것이 있다면 그것은 각자가 가지고 있는 기준과 잣대, 그러니까 양심이 허용하는 범위 내에서 받아들일 건 받아들이고 내칠 건 내치자는 것이다. 하나의 큰 기둥을 세우고서 말이다.

자신과 만나는 시간을 통해서, 스스로와의 대화를 통해서 내가 언제 가장 행복했고 지금 내 가슴이 시키는 일이 무엇인지 정말로 솔직하게 물어보자. 100% 쏟아 부을 용기가 없다면 적절히 타협할 줄 아는 것도 지혜일 수도 있다. 그것을 실천했는지 안 했는지는 세상 사람들은 관심도 없으며 알 방법도 없다. 그대만이 알고 있고 모든 건 그대 안에 있다.

야생속으로
-365days 250km $1250 5000km 6962m 7days-

초판 1쇄 발행일 2015년 6월 29일

글 · 사진 김정철
펴낸이 박영희
책임편집 배정옥
편집 유태선
디자인 김미령·박희경
마케팅 임자연
인쇄 · 제본 AP 프린팅
펴낸곳 도서출판 어문학사
서울특별시 도봉구 쌍문동 523-21 나너울 카운티 1층
대표전화: 02-998-0094/편집부1: 02-998-2267, 편집부2: 02-998-2269
홈페이지: www.amhbook.com
트위터: @with_amhbook
페이스북 페이지: http://www.facebook.com/amhbook
네이버 블로그: http://blog.naver.com/amhbook
다음 블로그: http://blog.daum.net/amhbook
e-mail: am@amhbook.com
등록: 2004년 4월 6일 제7-276호

ISBN 978-89-6184-376-8 03950
정가 16,000원

이 도서의 국립중앙도서관 출판예정도서목록(CIP)은 e-CIP홈페이지(http://www.nl.go.kr/ecip)와 국가자료공동목록시스템(http://www.nl.go.kr/kolisnet)에서 이용하실 수 있습니다.
(CIP제어번호: CIP2015015536)

*** 제1장의 일부 사진은 대회 주최측인 Racing The Planet에서 제공하였습니다.**